저는 코로나를 믿지 않습니다

코로나 시대, 현직 교사가 바라본 학교의 안과 밖

저는 코로나를 믿지 않습니다(코로나 시대, 현직 교사가 바라본 학교의 안과 밖)

지은이   미상

발 행   2023년 01월 26일
펴낸이   한건희
펴낸곳   주식회사 부크크
출판사등록   2014.07.15.(제2014-16호)
주 소   서울특별시 금천구 가산디지털1로 119 SK트윈타워 A동 305호
전 화   1670-8316
이메일   info@bookk.co.kr

ISBN   979-11-410-1320-2

저는 코로나를 믿지 않습니다

코로나 시대, 현직 교사가 바라본
학교의 안과 밖

미상

BOOKK

차례

<주의사항>

이 책의 주요 관점은 '코로나는 감기다.', '코로나를 막기 위한 모든 방역 정책은 무의미하다.', '코로나 팬데믹은 의도적으로 계획된 플랜데믹이다' 등입니다. (플랜데믹-'계획'을 의미하는 '플랜(Plan)'과 '팬데믹(pandemic·세계적 대유행)'이라는 단어를 합해 만든 '플랜데믹'은 전염병이 의도적으로 유포됐다는 의미를 가진 신조어.) 코로나가 치명적 전염병이고 정부의 모든 방역이 의미 있다고 생각하시는 분은 매우 읽기 불편하실 겁니다. 책장을 조용히 덮으시기 바랍니다.

혹시나, 아주 드물겠지만, '이 사람은 대체 왜 이렇게 생각하는 걸까? 근거가 뭘까?'라고 궁금해 하신다면 <코로나 미스터리>, <코로나 3년의 진실>, <플랜데믹>, <코로나19, 걸리면 진짜 안 돼?> 등을 읽어 보시기 바랍니다. 브런치 앱을 다운 받으신 후 '이덕희' 교수님을 검색해서 그분이 코로나에 대해 3년간 쓴 글을 정독하셔도 됩니다. 그 후 코로나에 대한 관점이 바뀌셨다면 책장을 다시 열어 주시기 바랍니다.

저는 평범한 교사입니다. 의사나 전염병 전문가가 아닌 일개 교사입니다. 그래서 코로나가 왜 감기일 뿐인지, 방역 정책이 왜 무의미한지에 대해 자세히 논하지는 않습니다. 그럴 능력도 없고, 제가 얘기해봤자 들을 사람도 없습니다.

다만 코로나의 실상을 온전히 전하고 싶었습니다. 코로나 시대를 살아가고 있는 일반인들의 생활 모습. 코로나 팬데믹이 사실은 플랜데믹이라는 사실을 알아버린 일반인이 느끼는 다양한 감정과 여러 생각들. 그것을 후대의 역사학자에게 전달하고 싶었습니다.

글마다 온도 차가 있을 겁니다. 냉탕, 온탕, 열탕, 중탕을 왔다 갔다 합니다. 어떤 날은 한없이 우울해하고, 어떤 날은 끝없이 분노합니다. 어떤 시기는 음모론에 깊이 빠져 두려움에 떨기도 하고 또 어떤 시기는 중용의 자세를 견지하기도 합니다. '코로나 플랜데믹'이라는 전대미문의 역사적 사건 속에서 어떻게든 중심을 잡고 살아가려는 한 인간의 몸부림이 그대로 드러납니다.

어찌 보면 당연합니다. '코로나19'라는 역사적 소용돌이에 휘말리지 않고, 개인이 꼿꼿이 자기 소신대로 살아갈 수 있을까요? 게다가 팬데믹이 알고 보니 플랜데믹이었다는 사실을 알고도 평정심을 유지할 수 있을까요? 불가능합니다. 인간은 하나의 개체로 존재할 때 너무나 나약한 존재이기 때문입니다. 나약한 존재라서 정부와 언론의 발표에 일희일비하고 울고 미치고 폴짝 뜁니다. 그러다 다시 살기 위해 마음을 추스릅니다. 그게 아마 당연한 모습일 겁니다. 이 책은 코로나 사태 경과에 따른 그때그때의 생각과 감정을 최대한 날 것 그대로 실었습니다. 코로나 시대를 살아내는 일반인의 관점을 생생히 표현하고 싶어서입니다. 그래서 중간중간 읽기 불편한, 펄떡이는 횟감 같은 표현들도 있을 겁니다. 양해 부탁드립니다.

 제가 교사라서 특히나 학교와 관련된 내용이 많습니다. 지난 3년 동안 정부의 방역 정책을 가장 충실히 이행한 곳이 바로 학교입니다. 학교는 마스크 착용을, PCR 검사를, 백신 접종을 가장 충실히 수행하였습니다. 가장 완벽하게 학생들을 세뇌시켰습니다. 학교는 코로나에 대해 그 어떤 의심도 품지 않았습니다. 이 책을 읽고 학교라는 공간에 대해 부디 잘 생각해 보시기 바랍니다.

 어느 외딴 섬에서 보낸 병 속의 편지가 태평양을 건너 누군가에게 전해지듯,
 책 속의 진실이 시공간을 흘러 흘러 먼 훗날 누군가에게 전해지길 기원합니다.
 물론 그전에, 미친놈이라 여기지 않고 이 책을 읽어주는 지금의 당신에게 진심으로 감사의 마음 전합니다.

-2023년 1월, 코로나 발생 4년 차지만 아직도 실내에서 마스크를 허용하네 마네하며 코미디 공론을 펼치고 있는 대한민국의 어느 곳에서, 미상 올림.

**21년 1월까지
니가 알던 일상은, 그만 잊어.**

<2009년부터 2019년까지>

고등학교 교사 생활 11년.

10년이면 강산도 변한다는데 자연의 일부인 인간이 변하지 않고 10년 넘게 버티려니 힘들었다. 매년 3월을 기준으로 학교라는 셋바퀴는 계속 돌아갔고 그 속에서 나는 쳇바퀴의 속도에 맞춰 달리기만 했다. 더 이상 안 되겠다 싶어서 1년 휴직했다. 그게 2019년도였다. 그해 12월 중국 후베이성 우한시에서 원인불명의 폐렴이 집단 발병하기 시작했다.

<2020년 3월 코로나19 팬데믹 선언>

나의 휴직과 함께 코로나19가 찾아왔다. 덕분에 휴직 기간 내내 집에만 있었다. 생애 처음으로 맞이한 휴직인데 집에만 있게 되어 아쉬운 점들이 많았지만, 딱히 나쁘지도 않았다. 난 원래 집에 있는 걸 좋아했으니까. 집에서 TV를 보며 군것질을 하며 이제 끝나겠지 끝나겠지 했지만 코로나는 끝나지 않았다. 사상 초유의 개학 연기는 한 달, 두 달 계속 이어졌다.

<2020년 4월 온라인 개학>

온라인 쇼핑도 아니고 온라인 개힉이라니. 코로나가 도무지 잦아들지 않자 학교는 온라인 개학이라는 카드를 꺼냈다. 텅 빈 교실에서 교사는 홀로 수업을 했고 그것을 영상으로 만들어 온라인에 올렸다. 학생들은 집에서 수업을 들었다. 줌, 구글 클래스룸, EBS 온라인 클래스 등 생전 처음 보는 단어들이 등장했고 교사들은 점점 유투버로 변해갔다.

'원래 처음이 어렵지 한번 하고 나면 쉬워.' 이 말은 학교에도 적용되었다. 사상 초유의 개학 연기에, 사상 초유의 온라인 개학까지. 2019년까지 학교라는 사전에 없던 이 단어들은 한번 등재되자 곧바로 일상적 어휘로 바뀌어 갔다. 학생들은 침대에서 일어나자마자 바로 컴퓨터를 켜고 학교로 접속했다. 교사들은 젊을 적 화상 채팅하던 기억을 더듬으며 화면 속 아이들을 보듬었다. 학생 없는 학교가 점점 자연스러워졌다.

<2020년 8월>

사람들이 한여름에도 마스크를 쓰기 시작했다.

<2021년 1월>

비대면, 마스크, 사회적 거리두기는 이제 일상이 되었다. 새로운 시대가 시작되었다.

21년 3월 30일
코로나 시대, 학교는 변했다.

1년 휴직이었기에 21년 3월 난 복직했다. '설마 내가 복직할 때까지 그러겠어?' 했지만 학교는 여전히 그러고 있었다. 코로나가 여전히 건재했기 때문이다. 코로나는 우리 곁을 맴돌며 반려 바이러스가 되었고 마스크는 속옷처럼 꼭 걸쳐야 하는 무언가가 되어 있었다. 거리두기는 점점 진화하여 이제는 5인 이상 사식 모임까지 금지되었다. 사회가 그럴진대 학교가 별 수 있겠는가.

고작 1년 휴직이었지만 복직이 다가오자 두려웠다. 과연 마스크를 쓰고 수업할 수 있을까? 줌은 대체 뭐야? 온라인으로 출결은 어떻게 관리하는 거지? 자가 진단 앱은 또 뭐고? 일시적 관찰실은 뭐야? 쌍방향 온라인 수업은 대체 어떻게 하는 거냐구!!

'우리는 더 이상 코로나 이전으로 돌아갈 수 없다.' 자꾸만 공포를 조장하는 언론에 선동당하며 두려운 마음으로 3월을 맞이했다. 불행 중 다행인지 고3을 맡았다. 고3은 입시 때문에 매일 등교하는 학년이다. '그래도 온라인 수업은 안 하겠구나.' 한시름 놓으며 다시 학교라는 쳇바퀴에 올라탔다. 하루, 이틀, 일주일, 보름... 쳇바퀴는 굴러갔다.

3월이 끝나갈 때쯤, 몸과 마음은 어느새 학교라는 시스템에 직응되어 있었다. 공강이 많던 어느 날 급식을 먹고 여기저기 학교를 둘러보았다. 벤치에 앉아서 가만히 바라보았다. 확실히 학교는 변해있었다.

점심시간이 되자 학생들은 급실실로 뛰어갔다. 손에 소독제를 바르고 비닐장갑을 낀 후 급식 판을 들었다. 음식을 받은 후 한 칸씩 떨어져서 앉았다. 마주 보며 앉지 않았다. 마치 절벽을 향해 한 방향으로만 달리는 양떼처럼 모두 한 방향만 바라보며 앉았다. 옆에 있는 친구에게 말이라도 걸라치면 지도교사의 일갈이 날아들었다. '식사 중에 대화하지 않습니다!' 고개를 숙이고 밥만 먹었다.

식사를 마친 후 학생들은 운동장으로 나왔다. 자연스럽게 마스크를 착용했다. 친구와 팔짱을 끼고 딱 달라붙어서 함께 걸으면서도 마스크는 절대 벗지 않았다. 공기 중에 황산구리라도 뿌려져 있는 걸까. 브라운 운동에 의해 야외에서 공기 입자는 순식간에 날아간다는 걸 과학 시간에 안 배운 걸까. 학생들은 왜 쓰는지도 모른 채 마스크를 밖에서도 썼다. 종이 쳤다. 학생들은 파블로프의 개처럼 종소리에 반응했다. 교실로 들어가서 역시 한 방향만을 바라보며 뚝뚝 떨어져 앉았다. 교사는 학생의 머리를 열고 무언가를 구겨 넣었고 학생들은 가만히 있었다. 그러다 힘들면 한 명 두 명 쓰러졌다. 또 종이 쳤다. 잠깐 화장실을 다녀왔다. 종이 치자 또 자리에 앉았다. 마지막 종이 울리자 학생들은 핸드폰을 돌려받고 저마다의 동굴로 뚜벅뚜벅 걸어갔다. 먹고 싸고 주입 당하다 집으로 돌아갔다.

학교는 확실히 변했다.

감옥처럼.
더욱더.

21년 4월 1일
어린이집 교사는 월 1회 PCR 검사를 받으라고?

<어린이집 선생님들께 보냈던 편지>

안녕하세요. 이번에 졸업한 OOO 아빠입니다.

작년 한 해 아이를 등하원 시키면서 감사한 마음을 제대로 표현도 못 했네요. 친근한 이웃사촌처럼 늘 아이들을 따뜻한 마음과 시선으로 돌봐주시는 모습을 보며 항상 잔잔한 감동을 받았습니다. 학부모에게 보여 주기 위함이 아닌 정말 아이들을 사랑해주신다는 느낌이 들었거든요. '이런 선생님들이 어린이집 교사를 해야 하는 거구나.'라고 생각했습니다. 정말 감사합니다.

코로나 때문에 많이 힘드시죠. 벌써 2년째 코로나 일상이 지속되고 있네요. 심신이 자유로운 상태에서 아이들과 원내 생활하시는 것도 엄청난 에너지가 필요할 텐데 마스크를 낀 채 조마조마한 마음으로 아이들을 보육하니 얼마나 힘드실까요. 그 노고가 얼마나 고될지 짐작도 되지 않습니다.

4월부터 어린이집 선생님들은 월 1회 코로나 검사를 받아야 한다는 뉴스를 최근 접했습니다. 너무나 황당한 정책에 말문이

막혔습니다. 노력에 비해 턱없이 부족한 보수, 안 그래도 열악한 보육환경에 현재 마스크까지 더해진 최악의 상황인데 월 1회 선제 검사라니요? 항상 혹시나 하는 마음에 주말에도 어디 맘껏 다니지도 못하신다고 들었습니다. 그래도 아이들에 대한 사랑과 사명감으로 근근이 버텨나가시는 선생님들인데 이제 주말의 소중한 자유시간까지 뺏으려 드네요. 증상도 없고 검사를 받아야 할 특별한 이유도 없는데 검사를 강요하는 것은 명백한 기본권 침해라고 생각합니다.

선생님은 코로나에 대해 어떻게 생각하시나요? 현재 우리나라 대부분의 국민들은 코로나바이러스에 대한 정보가 너무나도 부족합니다. 주류언론에서 2년째 매일 확진자를 발표하고 정부는 항상 2주만, 2주만을 외치며 국민의 기본권을 탄압하고 있죠. 선량한 대부분의 국민들은 그런 언론과 정부를 신뢰하며 2년째 사회적 거리두기와 마스크 쓰기를 실천 중입니다.

선생님. 하지만 코로나 바이러스는 그렇게 치명적인 바이러스가 아닙니다. 올바른 정보와 통계를 접하면 누구나 알 수 있습니다. 코로나바이러스가 흔한 감기바이러스라는 사실을 알고 계신가요? 실제로 코로나 증상 대부분이 감기와 비슷하죠. 우리와 늘 함께 해 온 감기바이러스라서 그렇습니다.

저는 의료계 종사자도 아니고 그쪽 전문가도 아닙니다. 그저 아이를 건강하게 키우는 데 관심이 많은 아빠일 뿐입니다. 그 관심들은 코로나바이러스에 의구심이 들게 하였고 그 의구심은 바이러스에 대한 정확한 정보를 찾게 하였습니다. 그 결과 저는 이제 정부와 언론이 말하는 코로나19를 믿지 않습니다.

책 선물(코로나 미스터리, 김상수 저)이 좀 생뚱맞다고 생각하실 수도 있겠습니다. 월 1회 선제 검사라는 뉴스를 보고 너무나 안타까운 맘이 들었고 선생님들께 조금이라도 도움이 되고 싶었습니다. 비상식적인 정책에 저항하기 위해선 일단 코로나에 대해 정확히 아셔야 할 거 같다는 생각이 들었습니다. 이 책은 코로나19의 실체에 대해 가장 정확하게 알려줍니다. 실체를 알게 되면 그에 대한 대응 방법도 나오겠지요.

그전부터 드리고 싶었지만 혹시나 부담이 되실까 봐 마음에만 담고 있었습니다. 하지만 정부의 방역 정책이 선을 넘고 있네요. 어린이집 선생님들을 탄압하는 정부의 정책을 더는 두고 볼 수 없어서 간절한 마음을 담아 전달합니다. 부디 도움이 되시길 바랍니다.

존경하는 OO 선생님들의 앞길을 응원하며, 이만 줄입니다.

-졸업생 OOO 아빠 올림.

트루먼 쇼는 현실이었다.

코로나 사태 덕분에 더욱 확실히 깨달았다. 인생 정말 별거 없단 걸.

코로나는 감기바이러스다. 인류와 함께해 온 공생관계의 바이러스다. 우리가 감기 걸릴 때 2, 3번은 코로나 바이러스 때문이다. 정말 흔한 감기바이러스다.

이 사실을 깨달으면 온 세계가 부서지는 경험을 한다. 내가 알고 있던 모든 세계가 마치 유리의 성처럼 한순간에 깨져버리는 기분. 정부는 국민을 위해 존재한다고 믿었는데, 언론은 진실을 보도하기 위해 존재한다고 믿었는데, WHO는 세계 국제 보건을 위한 공정한 기구인 줄 알았는데, 세계는 세계 시민들에 의해 운영되는 줄 알았는데. 모두 아니었구나. 세계는 극소수의 슈퍼리치에 의해 굴러가는구나. 대중은 정말 개, 돼지였구나.

코로나가 사기라고 말하면 대부분의 사람들은 말한다. "그래, 네 말대로 좀 과장된 측면도 있는 거 같아. 근데 우리나라뿐만 아니라 전 세계 모든 과학자와 언론과 정부가 말하는데 그게 사기라고? 그럼 전 세계 모든 언론과 정부가 미친놈들이라고?" 말문이 막힌다. 미친놈이 되지 않기 위해 말을 멈추는 수밖에 없다.

나 역시 처음엔 똑같이 생각했다. 에이 설마. 전 세계가 이러고 있는데 이게 사기라고? 말도 안 돼. 하지만 정확한 통계와 타당한 근거를 토대로 코로나에 대해 합리적으로 설명해주는 자료를 접하면서 코로나 사기를 받아들이지 않을 수 없었다. 주류 언론과 정부가 하는 말을 믿지 않으면, 오직 통계와 팩트만으로 이성적으로 사고하면, 누구나 깨달을 수 있다. 코로나 사기를.

단지 사람들은 생각하기 싫을 뿐이다. 머리를 쓴다는 건 피곤한 일이다. 안 그래도 먹고 살기 바빠 죽겠는데 코로나가 흔한 바이러스인지 감기 바이러스인지 알 게 뭐란 말인가. 어차피 전문가들이 다 분석하고 뉴스에서 요점만 간추려서 떠먹여 주는데, 굳이 내가 분석할 필요가 있겠는가. 뉴스에서 하는 말을 받아들이기만 하면 된다. 마스크가 바이러스를 막아준다고 하면 믿고 따르면 된다. 백신이 나왔다고 하니 맞을 차례가 오면 맞으면 된다. 정부와 언론이 하는 말을 굳게 믿고 그대로 따르면 된다.

생리적 욕구 다음이 안전에 대한 욕구다. 사람들은 자기가 믿고 따르던 세계가 무너지는 걸 원치 않는다. 세계가 무너진다는 건 두려운 일이다. 나를 둘러싼 세계가 사실은 모두 거짓이었다고, 트루먼 쇼의 주인공이 알고 보니 나였다는 사실을 어떻게 받아들이겠는가. 코로나 사기를 받아들이면 지금까지의 삶이 부정된다. 만약 40살이면 40년의 삶이 부정된다. 만약 50살이면 50

년 동안 속고 산 것이다. 나를 둘러싼 모든 시간과 공간이 부정되는데 코로나 사기를 어떻게 받아들이겠는가.

하지만 코로나는 사기다. '뉴스는 진실을 보도한다.', '전 세계가 사기 칠 리 없다'라는 전제에서 벗어나기만 하면 코로나 실체는 너무나 선명히 드러난다. 단지 통계 자료 하나만으로도 드러난다. 다음 숫자를 보사.

3000명. 매년 독감 사망자 숫자다.
1700명. 작년~현재 4월까지 코로나 사망자 숫자다.

뭐야. 매년 발생하는 독감보다도 사망자가 적잖아? 그렇다. 자연스럽게 의문이 생긴다. 근데 지금 왜 이러고 있는 거지? 스치면 뒤지기라도 할 듯, 감염되면 피 토하며 죽기라도 할 듯, 2년째 전 세계가 왜 이러고 있는 거야? 이런 반응이 정상이다.

사람들은 또 말한다. "우리나라야 그렇다 쳐. 근데 해외는 난리잖아. 미국도 수십만 명이 사망했는걸? 초반에 시체를 처리하지 못해서 군용트럭에 막 싣고 가는 거 못 봤어?" (<--뉴스가 진실을 말한다는 전제에 갇혀 있다.) 또 말한다. "사망자야 그렇다 쳐. 후유증은? 한번 걸리면 폐가 섬유화되어서 평생 숨도 제대로 못 쉬고 살아야 한다는데."(<--역시 뉴스가 진실을 말한다는 전제에 갇혀 있다.) 마지막으로 덧붙인다. "설마 감기로 전 세계가 이러겠어? 말도 안 돼." (<--전 세계가 사기 칠 리 없다는 전제에 갇혀 있다.) 결국 자신이 속한 세계를 인정하며 그냥 살

아간다.

코로나가 사기라는 것에 대한 논거 들기는 그만두자. 전문가가 하는 말도 주류언론을 통한 게 아니면 안 믿는데, 일반인인 내가 하는 말을 믿겠는가. 나 역시 괜히 열 내고 싶지 않다. 혹시나 코로나에 대한 의문이 조금이라도 있다면 '코로나 미스터리'라는 책을 꼭 읽어 보기 바란다. 코로나 바이러스에 대한 모든 진실을 가장 정확하게 알려주는 책이다. 그 책을 읽고 의문이 더 커졌다면 유투브에 가서 그 책의 저자가 운영하는 '소아랑 tv'를 정주행하기 바란다. 정주행하면서 밑에 달린 댓글들도 보다 보면 조금씩 코로나 사태의 실체를 알아갈 것이다. 쩌저적. 와르르르. 자신이 믿고 있던 세계가 무너지는 느낌이 든다면, 드디어 벗어난 것이다. 주류언론의 세뇌에서.

우리는 역사 시간에 배웠다. 고대, 중세, 근대, 현대로 오면서 인간의 자유는 확장되었다고. 노예, 여성, 아이 등 힘없고 약한 존재들의 인권도 존중되는 평등의 시대를 맞이했다고. 소수의 권력자들이 좌지우지하지 않고 다수의 깨어있는 시민이 인류의 미래를 만들어 나간다고 배웠다. 나 역시 그런 줄 알았다. 코로나 실체를 깨닫기 전까지는.

세상은 여전히 소수의 권력자들이 운영한다. 시스템을 만들고 사람들을 시스템에 길들인다. 대표적 길들이기가 바로 학교다. 학교가 진정 배움의 장소라고 생각하는가? 학교는 체제 순응인을 만들어 내는 교화기관일 뿐이다. 학교를 통해 대중은 그들의 운영체제에 맞게 세팅된 후 세상에 나온다. 학교에서 배운 대로 말하고 행동하고 생각하며 체제를 강화한다. 대중은 시스템의 운영원리에 대해 의문을 가질 수도, 저항할 수도 없다. 그 순간 밥줄이 끊기기 때문이다. 시스템에 복종하며 열심히 쳇바퀴를 굴려야만 겨우 살아갈 수 있도록 세상은 만들어져있다.

학교를 졸업해도 대중은 끊임없이 세뇌된다. 바로 언론이다. 먹고 살기 바쁜 대중은 그저 언론이 떠먹여 주는 정보를 받아먹기도 벅차다. 비판적 사고, 주체적 사고 그딴 거 없다. '뉴스에서 말하는 건데 진실이겠지', '전문가들이 뉴스에서 말하는 거니까'라고 믿으며 주류 언론을 통해 끊임없이 주입 당한다. 그 정보들은 어디서 나올까? 세상을 움직이는 소수의 권력자다. 우리나라뿐만 아니라 세계 모든 언론기관은 피라미드처럼 연결되어 있다. 정보의 출처를 타고 위로 올라가다 보면 모두 정점에서 만난다. 그 정점에 있는 이들이 바로 세계를 움직이는 자들, 슈퍼리치다.

슈퍼리치들이 소유한 건 언론만이 아니다. 수많은 나라의 정부도 그들 뜻대로 움직인다. 혹시 IMF를 기억하는가? 금 모으기 운동으로 훈훈하게 경제위기를 극복했다고 알고 있는 그 IMF. 그때 우리나라도 이미 주권을 빼앗겼다. 그 이후로 등장한 정부는 그저 꼭두각시일 뿐이다. 우리나라 국민의 뜻을 대변하는 게 아니라 슈퍼리치들의 뜻대로 움직이는 인형들. 여당이든 야당이든 아무 의미 없다. 어차피 둘 다 똑같은 꼭두각시니까.

여기까지 하자. 너무 거대하고 무지막지한 얘기라서 어차피 더 얘기해도 듣지 않을 거 안다. 음모론이라고 손사래 치며 고개 돌릴 거 다 안다. 나도 그랬으니까.

그래도 코로나가 사기인 건 변함이 없다. 이 모든 사태를 슈퍼리치들이 계획한 사실도 변함이 없다. 이 세계가 그들 뜻대로 운영되는 것도 변함이 없다.

그러니 인생 뭐 별거 있는가? 열심히 공부하고 취직하고 뉴스를 보며 시민으로서 세상에 참여하고 국민의 힘으로 나라를 운영해간다고 생각했는데. 그 모든 게 거짓이었다니. 그들이 만들어 놓은 세상에서 그들이 주입한 관념대로 꿀꿀거리며 살아온 인생.

인생 뭐 없다.

21년 5월 24일
‘나는 자연인이다’가 과연 가능할까?

나는 도시 남자다. 드라마에 나오는 '차도남' 이딴 이미지를 말하는 게 아니다. 쌀과 반찬은 늘 돈을 주고 사 먹었고 매일 똥을 쌌지만 그 똥이 어디로 가는지 몰랐다. 한마디로 할 줄 아는 게 아무것도 없다. 만약 어느 날 갑자기 황야에 떨궈진다면 금방 죽을 거다. 농사 방법도, 집 짓는 방법도 모르니까. 그런 내가 요즘 생각한다. ‘조만간 자급자족하며 살아야 하지 않을까?’라고.

2년째 사람들이 마스크를 쓰고 산다. 그리고 백신을 맞기 시작했다. 아직까지 백신은 공식적으론 선택사항이다. 하지만 백신 접종자가 과반수를 넘어가고 주류언론이 몰아가기 시작하면 의무사항으로 바뀌어도 이상할 게 없다. 사람들은 그저 우르르 몰려갈 뿐이다. 그리고 그 우르르 몰려가는 사람들이 마치 국민의 뜻인 양 정부와 언론은 비접종자들에게 온갖 프레임을 씌우고 차별할지도 모른다. 대중교통, 공공시설은 물론 심지어 동네 슈퍼까지도 이용 못 할지 모른다. 사람을 만날 수 없을지도 모른다. 지금 코로나 사태를 보면 충분히 그럴 수 있다는 생각이 든다.

만약 그런 상황이 온다면 생존에 필요한 모든 것을 우리 가족 힘으로 마련해야 한다. 한마디로 자급자족해야 한다. 밭을 일구고 작물을 가꾸고 집을 관리하고 아이들을 교육한다? 돈으로 샀던 삶에 필요한 모든 재화와 서비스를 이제 내 손으로 직접 해결해야 할지도 모른다. 과연 가능할까?

곰곰이 생각해 본다. 일단 먹고 사는 게 가장 큰 문제니 밭을 일궈야 할 거 같다. 반찬이 될 만한 식물들을 재배해야겠지. 주식이 쌀이니 사실 논농사를 해야겠지만, 죽었다 깨어나도 그건 그림이 안 그려진다. 내가 할 수 있는 최대치는 쌀 정도는 사 먹으면서 밭농사에서 얻은 수확물로 반찬을 해 먹는 정도일 것이다. 그것도 생각하면 사실 숨이 턱 막힌다. 전에 아내가 취미로 밭을 일굴 때 따라가서 몇 번 괭이질을 한 적이 있다. 한 시간 하고 던져버렸다. 밭농사를 즐거워하는 아내를 보며 '혹시'하는 생각에 다시 따라나섰다. 30분 정도 잡초를 뽑다 내 열정도 뽑아버렸다. 아, 귀찮고 번거로워. 역시 난 도시 남자였다.

밭농사를 한다 해도 기본소득은 있어야 할 듯싶다. 기본 식재료만 생각해도 그렇다. 쌀, 소금, 기름, 고추장, 된장... 가장 기초적인 재료도 내 손으로 마련하기 힘들다. 그뿐만 아니라 수도세, 전기세, 각종 세금 등... 잉여적 즐거움 추구가 아니라 생존을 위함에도 돈은 꼭 필요하다.

'나는 자연인이다'에 나오는 산속 외톨이처럼 사는 게 아니라면 무조건 돈은 필요하다. 지금의 문명체계에서 완벽히 탈출하는 게 아니라면, 한 발 정도 발을 걸치고 살아간다면 돈을 벌어야 한다. 뭘 해서 돈을 버나? 또 막막해진다.

나는 교사다. 대학 가려면 주어진 지식을 외워야 한다 해서 열심히 외웠고, 취직하려면 시험에 나오는 걸 외워야 한다 해서 또 열심히 외웠다. 학교에 들어가니 니가 외웠던 걸 애들한테 그대로 전달하면 된다 해서 열심히 또 전달했다. 그렇게 해야 돈을 줬기 때문이다. 그런데 막상 학교를 관두고 살아갈 생각을 하니 그동안 내가 외우고 전달했던 것들은 아무짝에도 쓸모가 없다. 쌀 한 톨 만들어 내지 못하고 상추 하나 키워내지 못한다.

결국 이 경력을 사용하기 위해선 또 어딘가로 들어가야 한다. 학교든 학원이든. 이 사회가 만들어 놓은 체제 안에 들어가서 그들이 시키는 대로 해야 한다. 그럼 돈이 나올 것이다. 그 돈으로 또 필요한 것들을 충당하며 살아갈 수 있을 것이다. 그런데, 이제 그 체제 안에서 살아가려면 백신을 맞아야 할지도 모른다. 그 백신을 맞기 싫어서 지금 이 생각이 시작된 거 아니던가.

결국 아리스토텔레스가 한 말로 결론은 모아진다. 인간은 사회적 동물이다. 혼자 살아갈 수 없다. 백신이 싫어서, 이 사회가 싫어서 자꾸 도망치다 보면 결국 혼자만 남게 되겠지. 근데 다시 한번 말하지만 혼자선 살아갈 수가 없다. 아니, 뭐 정말 밥만 먹고 어떻게 저떻게 목숨은 이어갈 수 있겠지. 근데 그게 과연 재미가 있을까? 사는 맛이 있을까? 추억을 함께 나눴던 사람들이 하나, 둘 병들고 쓰러지는 모습을 보며 과연 나 혼자 희희낙락할 수 있을까. 도망만 치는 건 답이 아닐 듯싶다.

지금의 문화를, 삶의 양식을 누리며 하하호호 살기 위해선 결국 한 명이라도 더 깨워야 한다. 한 명이라도 더 깨어나서 함께 외쳐야 한다. 무의미한 방역 정책 당장 멈춰라!

　　그것뿐이다.

<하도 답답한 마음에 어느 교사 단체에 보낸 글>

안녕하세요. 전 경기도에서 근무하는 교사입니다. 00교사에 가입한 회원은 아니지만 아내를 통해 00교사 선생님들이 우리나라 교육 발전을 위해 애쓰는 모습을 봤습니다. (제 아내 역시 교사인데 00교사 회원입니다. 그래서 00교사 월간지를 매월 받아보고 있습니다.) 단체를 운영하는 일이 돈 되는 일도 아닐 텐데 오직 학생들과 교육만을 생각하며 묵묵히 선한 영향력을 이어가시는 모습을 보며 항상 응원하고 있습니다.

선생님. 지금 학교 현장에서 가장 시급한 일이 뭐라고 생각하시나요? 저는 아이들의 마스크를 벗기는 일이라고 생각합니다. 아이들은 집을 나서는 순간부터 마스크를 씁니다. 학교에 와서도 계속 씁니다. 마스크를 쓰고 수업을 받고 마스크를 쓰고 화장실에 갑니다. 책상에 엎드려 잠깐 자는 시간에도 마스크를 쓰고 잡니다. 심지어 체육 시간에도 마스크를 씁니다. 아이들은 공을 차며 뛰어다녀서 숨이 턱까지 차오른 상태에서도 마스크를 씁니다. 방과 후 야자 시간에도 마스크를 씁니다. 그러니까 야자를 하는 학생은 아침 9시부터 밤 9시까지 12시간 이상 마스크를 쓰는 겁니다.

아이들은 마스크를 벗고 싶어도 벗을 수 없습니다. 학교에선 매일 정기적으로 3번 이상 교내 방송으로 마스크의 중요성을 강조하며 학생들을 세뇌시킵니다. 선생님들은 혹시라도 마스크를 턱에 걸친 애가 있으면 바로 지적합니다. 아이들은 숨을 쉴 수가 없습니다.

저는 담임을 하고 있습니다. "선생님 머리가 띵해요", "선생님 머리가 어지러워요" 유독 두통을 호소하는 애들이 많습니다. 학교에서 유일하게 마스크를 벗을 수 있는 식사 시간에 애들 얼굴을 살펴보면 열 명 중 다섯 명은 입 주변이 울긋불긋 트러블 천지입니다. 모두 마스크 때문입니다. 하지만 마스크의 피해는 단순히 두통, 피부 트러블 정도가 아닙니다. 몇 분만 숨을 쉬지 못해도 인간은 죽습니다. 산소는 생존에 있어 필수요소입니다. 그런데 지금 아이들은 어떻습니까? 마스크에 입과 코가 꽉 막힌 채 맘껏 숨을 쉬지 못합니다. 매일 마스크를 쓰면서 산소를 충분히 흡입하지 못하면 어떻게 될까요? 자신이 내뱉은 이산화탄소를 들이마시는 시간이 하루, 이틀, 보름, 한 달, 반 년, 1년 이어지면 어떻게 될까요? 전 너무나 걱정됩니다.

방역 때문에 마스크를 쓰는 건데 대체 무슨 소리를 하나 싶으실 겁니다. 결국 코로나 얘기를 안 할 수가 없네요.

선생님. 코로나 바이러스를 믿으시나요? 2년째 뉴스에서 매일 떠들고 있는 저 바이러스가 정말 치명적 바이러스라고 생각하시나요? 건강한 사람들, 청소년, 어린이, 심지어 유아들까지 마스크를 종일 쓰고 지내야 할 만큼 정말 위험할까요? 학교에 확진자가 한 명이라도 발생하면 전교생이 모두 검사를 받고 등교중지를 할 만큼 정말 치명적인 바이러스일까요? 저는 그렇게 생각하지 않습니다.

모든 걸 양보해서 정말 조심해야 할 바이러스라고 칩시다. 그런데 마스크가 그런 바이러스를 막아줄 수 있을까요? 정말 이천 쪼가리 한 장이 눈에 보이지도 않는 바이러스를 막아줄까요? 저는 그렇게 생각하지 않습니다.

지금 아이들은 그다지 위험하지도 않은, 독감보다도 경미한 감기바이러스 때문에 모든 권리를 빼앗기고 살고 있습니다. 친구들과 맘껏 얘기할 권리, 자유롭게 몸을 움직일 권리, 편하게 식사하며 친구와 교제할 권리, 학교행사에 참여할 권리 등등. 이런 권리들을 누리기는커녕 가장 기본적인 신체의 자유마저 억압당하고 숨 쉴 권리도 박탈당하고 있습니다. 학교에서 말이죠.

선생님. 코로나바이러스가 독감보다 경미한 바이러스라는 증거와 통계는 이미 차고 넘칩니다. 단지 주류언론에서 다루지 않을 뿐이죠. 사망자 숫자만 보아도 이 바이러스가 독감보다 약하다는 건 바로 알 수 있습니다. 해마다 독감으로 3000명 정도가 사망하는데, 지금 코로나가 2년째 지속되고 있는데 사망자가 몇 명입니까? 심지어 20대까지는 사망자가 제로입니다. 코로나 바이러스 때문에 죽은 학생이 있나요? 대체 왜 우리 아이들이 독감보다도 못한 바이러스 때문에 숨도 제대로 못 쉬고 몸과 마음을 통제당하며 살아야 하나요?

하루에 확진자가 600명을 넘나드는데 대체 무슨 소리냐 하실 겁니다. 2년째 정부와 모든 언론이 코로나 바이러스가 위험하다고 말하는데 대체 뭔 소리냐 하실 겁니다.

하지만 선생님. 매일 주류언론에서 떠들어대는 정보 말고 한 번이라도 코로나 바이러스에 대해 알아보셨나요? 코로나 검사로 이용되고 있는 PCR 테스트에 대해 한 번이라도 정보를 찾아보셨나요? 무증상 확진자라는 논리적 모순 가득한 용어에 대해 한 번이라도 의심해보셨나요?

어차피 일면식도 없는 제가 말해봤자 듣지 않으시겠지요. 그래서 사무실로 책을 보냈습니다. '코로나 미스터리'라는 책입니다. 그 책은 제가 지금껏 코로나바이러스에 대해 접한 정보 중에 가장 정확한 정보입니다. 그리고 쉽게 설명되어 있습니다. 반드시, 반드시 읽어보셨으면 좋겠습니다. 책을 읽으시고 더 알아보고 싶으시다면 책의 저자가 직접 운영하는 www.soarang.net (소아랑 TV)에 가셔서 코로나바이러스에 대한 영상을 정주행해 보시기 바랍니다. 코로나의 실체를 조금씩 알게 되실 겁니다.

미친놈이라고 생각하실지도 모르겠습니다. 아무런 인연도 없는 사람이 다짜고짜 메일을 보내고 책을 보내고 하니 '대체 이 사람 뭐지' 하시겠죠. 하지만 선생님. 코로나의 진실을 알게 된 이상, 더 이상 가만히 있을 수가 없었습니다. 학교에서 아무 죄

없이 숨도 못 쉬며 고통받고 있는 아이들을 외면하기가 힘듭니다. 마스크를 씌워도, 본인들 숨통을 막아도 '선생님~'하며 웃으며 달려오는 아이들을 볼 때 너무 괴롭습니다. 고통스럽습니다.

코로나 사태는 개개인이 해결할 수 있는 문제가 아닙니다. 국민 모두가 진실을 깨닫고 힘을 뭉쳐야 합니다. 선한 영향력을 가진 단체들이 먼저 앞장서야 합니다. 국민들을 일깨워야 합니다. 그래서 피를 토하는 심정으로 이렇게 메일을 드리고 책을 보냅니다.

선생님. 교육을 생각하시는 마음, 아이들을 생각하시는 마음의 십 분의 일이라도 투자하셔서 제가 추천한 '코로나 미스터리'를 반드시 읽어 보시기 바랍니다. 지금 이 순간, 코로나에 대한 진실을 깨닫는 것보다 더 중요한 일은 세상에 없습니다.

저의 간절함이 선생님의 마음에 조금이라도 닿았길 바라며 이만 줄입니다.

긴 글 읽어주셔서 감사합니다.

6월. 학교에 복직한 지 어느덧 100일이 지났다. 100일이면 변화된 환경에 적응하기 충분한 시간이다. 마스크를 쓰고 수업하는 것도, 점심시간 때 위생장갑을 끼고 밥 먹는 것도, 아무런 사적 모임 없이 일만 하다가 집에 가는 것도 익숙해졌다. 예전엔 모의고사 날이면 통과의례처럼 회식을 했지만 요즘은 아무도 회식하자는 말을 안 한다. 심지어 점심시간 밥 먹을 때도 모여 앉아서 각자 핸드폰을 쳐다본다. 그리곤 식사 후 마스크를 쓰고서야 두런두런 얘기를 나눈다. 학생들은 마스크를 속옷처럼 착용한다. 오직 점심 식사 때만 마스크를 벗을 뿐, 수업 시간에도 쉬는 시간에도 심지어 체육 시간에도 마스크를 쓴다. 급기야 졸업앨범에 들어갈 단체 사진을 찍을 때도 마스크를 쓰고 찍었다. 눈만 보이는 괴상한 단체 사진. 그런 애들을 나는 익숙하게 바라본다.

같은 교과 선생님의 연구 수업 날이었다. 좀 더 수업을 잘하기 위해 연구해보자는 취지의 연구수업. 취지는 그럴듯하지만 현실은 그저 쇼타임일 뿐이다. 보통 쇼가 진행되는 과정은 다음과 같다. 연구수업을 맡은 선생님은 한 달 전부터 수업을 준비한다. 일단 모둠수업에 적합한 단원을 선정한다. 연구수업 때 강의식으로 수업하는 교사는 없다. 마치 약속이라도 한 듯 모둠형, 학생 주도형이 가능한 수업을 설계한다. 또한 학생들이 발산적으로, 창의적으로 사고할 수 있도록 수업내용을 구성한다. 버라이어티한 느낌을 주기 위해 가급적 많은 도구를 사용한다. 판서도 하고 활동지도 만들고 피피티도 만들고 영상도 준비하고 칠판부착용 자석도 마련한다. 학생들에게 미리 공지한다. 연구수업 날이 되면 학생들도 안다. 지금은 졸려도 자면 안 된다는 걸. 평소 에너지의 3배로 선생님은 쇼를 시작하고 학생들 역시 평소보다 15도 정도 척추 기립근을 더 세운 후 쇼에 참여한다. 교실 뒤편에 공짜 쇼를 관람하기 위해 놀러 온 관리자와 시간 아까워 죽겠다는 교사 몇몇, 쇼 진행자를 연민의 시선을 바라보는 교사 몇몇, 쇼를 통해 진짜 뭔가를 배워보겠다는 교사 몇몇이 자리한다. 50분이 지나면 모두 원상 복귀한다. 학생들은 다음 시간 잘 준비를 하고, 교사들은 진짜 수업을 하러 떠난다. 그렇게 쇼가 끝난다.

이번 연구수업도 위의 도식에서 크게 벗어나지 않았다. 한가지 추가된 것은 융합 부분이었다. 요즘 유행은 교과 간 융합이다. 선생님은 미술과 국어를 융합시켰다. 칠판에 여러 그림을 붙여놓으셨다. 모둠별로 그림을 정한 후 그림에서 연상되는 내용을 자유롭게 토의한 후 정리해서 발표했다. 기존 도식을 만족하면서 요즘 유행까지 섭렵한 수업. 흠잡을 데 없는 완벽한 수업이었다.

며칠 후 연구수업 평가시간이었다. (연구수업은 수업을 참관한 관리자와 교사들이 모여서 이러쿵저러쿵 피드백을 하는 평가시간이 있다.) 한 사람씩 돌아가면서 소감&피드백을 얘기했다. 학생 한명 한명 챙기는 모습이 인상적이다, 시간에 따른 수업 설계가 탁월하다, 학생들이 그림에서 주제를 뽑아내는 모습이 너무 놀랍다, 학생들의 다양한 생각을 볼 수 있어서 좋다, 말하기 수업을 미술과 연결시킨 점이 굉장히 새롭다 등등. 자기 차례가 오면 교사들은 누에고치가 실 뽑듯 줄줄 잘도 뽑아냈다. '우리 이렇게 열심히 연구수업 했어용'이라는 훈훈한 분위기를 깨지 않기 위해 다들 적절한 멘트를 잘도 뱉어냈다.

괴리감. 현실과 너무나도 동떨어진 그 모습을 보면서 나는 극도의 괴리감을 느꼈다. 완벽한 수업을 보여줬던 그 선생님은 수업 내내 마스크를 썼다. 자유롭고 다양한 생각을 보여줬던 학생들은 한 명도 빠지지 않고 모두 마스크를 쓰고 수업에 참여했다. 자유로운 학생들의 사고에 놀랐던 참관 교사들 역시 단 한 명도 예외 없이 마스크를 썼다. 그리고 그들은 다시 모여서 모두 마스크를 쓴 채 다양성이니 창의성이니를 논했다. 심지어 앞에 음료와 빵이 준비되어 있었는데 아무도 먹지 못했다. 마스크를 내리질 못했다. 눈앞에 있는 빵도 먹질 못했다.

본인들 마스크 하나 못 벗으면서.
학생들 마스크 하나 못 벗기면서.

피 흘리며 쟁취한 자유, 인권, 기본권 등을 속절없이 내주고 노예처럼 통제당하는지도 모르면서.

2년째 아무 저항 없이 주류언론과 정부가 하는 말만 죽어라 믿고 세뇌당한 채 전혀 의심도 하지 않으면서.

융합이니, 다양성이니, 창의성이니를 논하는 여러분.

대체 지금 뭐 하세요?

 고3 백신 접종 가정통신문이 어제 학생 편으로 나가고 오늘 다시 돌아왔다. 안타까운 마음에 어제 종례 시간에 애들한테 주절주절 떠들었다. 백신 접종 사망자가 400명인데 코로나 사망자는 몇 명이냐, 19세 이하는 사망자가 한 명도 없다, 대체 백신 왜 맞아야 하냐 등등. 내 진심을 느꼈는지 아이들은 모두 경청하는 시늉이라도 해주었다. 내친김에 부모님들한테도 문자를 뿌렸다. 위의 내용에 더하여 '코로나 미스터리' 책과 브런치 앱 이덕희 교수 글도 소개하면서 최대한 신중하게 판단해달라고 나름 예의와 성의를 다해 썼다. 정말 아이들을 생각해줘서 고맙다고 두 분한테 문자가 왔다.

 그리고 오늘. '백신 접종 동의하십니까'라는 질문에 모두 '예'에 체크가 되어 가정통신문이 돌아왔다. 단 한 명만 '아니오'에 체크 되어 있었다. 다른 반도 대충 비슷해 보였다. 대부분 '예', 한두 명 '아니오'. 아이들은 부모님의 권유, 수능 응시를 못 할 수도 있다는 불안감, 어차피 맞을 거 맞을 때 같이 맞자는 대중 심리 등 여러 이유로 '예'에 체크를 한 듯했다. 어떤 녀석은 '선생님 이거 공짜예요?'라고 묻더니 '공짜면 당연히 맞아야지'라며 경제 논리에 해박한 모습도 보여 주었다.

안 그러려 노력해도 전체 분위기가 이러니 그 속에 있을 땐 자꾸만 평정심이 흔들린다. 연민, 분노, 답답함, 안타까움, 무력감, 외로움 등 여러 감정이 파도처럼 마음속에 일었다가 다시 사라진다. '그래 난 할 일 다 했다'라는 자기 위로를 하다가도 그저 이 상황을 바라만 보고 있는 내 모습이 너무 부끄럽고 염치없어 보여 다시 뭐라도 해야 하나 이런저런 궁리를 하고, 그러다 다시 좌절하고, 다시 또 내가 할 수 있는 부분을 찾아보고, 다시 좌절하고. 요즘 일상이 그렇다.

접종 후에 정말 어떻게 되는지 실제로 보고 싶다는 생각이 문득 들었다. 접종의 부작용도 사실 다 인터넷 정보를 통해 간접적으로 취한 것 아닌가. 내 주위에 아직 백신 맞은 사람이 별로 없지만 실제 맞은 사람 중에 정말 심각한 부작용을 보인 사람도 없다. 내 친구 중 잔여 백신으로 이미 맞은 친구도 있는데 멀쩡하다. 내가 너무 한쪽 정보에 파묻혀서 나 혼자 부르르 하고 있는 건 아닌가. 인간은 사회적 동물이다 보니 그 사회의 파도가 자꾸 나에게 밀물처럼 밀려들어 온다. 이 밀물이 당연한 건데 나 혼자 버팅기고 있나 싶다.

예를 들면 이런 거다. 채식주의자들이 쓴 책을 읽다 보면 육식을 하면 당장 큰일 나고 죽을 것 같은 위기감을 느낀다. 그들의 논리를 따라가다 보면 그렇다. 한 권, 두 권, 여러 권 읽다 보면 정말 육식을 하면 큰일나겠구나 한다. 하지만 실제 그런가?

육식만 하면서 잘 사는 사람도 있고, 육식도 하면서 잘 사는 사람도 있고, 대부분은 그냥 육식 채식 신경 안 쓰고 잘 산다. 오히려 채식만 해서 안 좋아지는 경우도 있다. 이건 내가 실제로 체험해봐서 안다. 한때 8체질에 빠져서 거의 1년간 육식을 안하고 잎채소 위주로만 먹었는데 나중엔 몸이 더 안 좋아졌다. 이건 내가 실제로 체험하고 몸으로 깨달았기에 이젠 채식 주장 책을 읽어도 더 이상 크게 흔들리지 않는다. 그저 적절히 균형 있게, 그러면서 육식은 과하지 않게, 이게 내 결론이었다.

세상 모든 것이 이와 같지 않을까. 인간은 아무리 뛰어난 사람이라도 전체를 총체적으로 볼 수 없다. 그것은 우리 존재의 한계다. 늘 부분만 볼 수 있을 뿐이다. 그 부분들을 모아서 하나의 논리를 만들고 그 논리의 틀로 세상을 바라본다. 그 틀은 자기가 경험한 정보와 선천적으로 타고난 정보(유전자)들의 작용에 의해 만들어지는데 모두가 다 다르다. 결국 인간은 자기만의 논리로 자기만의 세상을 살다가 어느 순간 또 사라지는 것이다.

얘기가 빗나가려 하는데, 암튼 지금 코로나 사태도 마찬가지 아닐까. 코로나 사기를 외치고 백신의 무용성을 주장하는 사람들도 결국 인간이기에 모든 것을 완벽히 파악할 순 없을 것이다. 뭐 어떤 전문가는 백신을 맞으면 5년 내에 사망한다고도 말하는데 글쎄 과연 그럴까. 이쪽 정보를 접하고 계속 몰입하다 보면 어느 순간 '이건 좀 과한데'라는 지점을 만나게 된다. 과연 어디까지가 팩트이고 어느 부분은 과장이고 어느 부분은 거짓인지, 그저 책 좀 몇 권 읽은 일반인 수준의 '나'가 파악하기엔 불가능해 보인다.

결국 일반인이 가장 확실하게 정보를 얻는 방법은 직접 체험해 보는 것이 아닐까? 몸소 채식을 해 보고 육식과 채식의 적절한 균형이 답이라는 결론을 이끌어 냈듯 말이다. 이 코로나 백신도 실제로 체험하면 확실히 파악할 수 있지 않을까?

하지만 코로나 백신은 체험 후 진실 습득이 불가능하다. 채식이야 부작용으로 살만 좀 빠졌지만, 백신은 부작용으로 죽을 수도 있기 때문이다. 아무리 진실에 목말라도 죽음까지 감수할 수는 없다. 그러니 남은 건 결국 골머리 굴리는 일뿐이다. 내가 얻은 정보들을 최대한 비교 분석하며 좀 더 진실에 접근하려 애쓸 뿐이다. 그런데 아무리 객관적으로 보려 해봐도 코로나 백신은 맞을 이유가 없다. 젊음이 한창인 고3 학생들은 더더욱!

99% 학생들이 '예'라고 동의한 백신 가정통신문을 수합하는 오늘. 오늘만큼은 그냥 나 혼자 미친놈이었으면 좋겠다.

21년 6월 28일
더워? 마스크 쓰고 에어컨 켜.

이 미친 시절의 일상을 남겨두기 위해 여기 기록한다. 혹시 아는가. 난중일기처럼 내가 남긴 글 역시 나중에 문학작품으로 읽혀질지...

사람들 얼굴에서 마스크만 지우면 학교는 코로나 전과 거의 비슷하다. 관성의 법칙으로 잘 굴러간다. 자기가 내뱉은 이산화탄소를 계속 마시는 상황에서도 아무런 불편을 못 느낀다. 이산화탄소는 똥, 오줌과 같다. 배설의 관점에서 다를 게 없다. 그니까 똥, 오줌을 계속 다시 먹으면서도 그냥 살아가는 것이다. 교사도 학생도.

이제 곧 칠월. 날이 덥다. 더운데 마스크를 쓰고 있다. 안 그래도 더운데 내뱉어진 뜨거운 숨을 다시 들이마신다. 숨쉬기가 힘드니 에어컨을 이빠이 틀어놓는다. 교실에 가보면 늘 18도다. 마스크를 쓰고 숨이 뜨겁다고 에어컨을 최대치로 틀고 있다. 인간이 만물의 영장이라는 소리는 이제 하면 안 될 거 같다. 이게 뭐 하는 짓인가.

정말 지겹게도 언론은 2년째 코로나로 사람들을 세뇌시키고 있다. 요즘은 델타 변이 바이러스가 핫하다. 변이... 바이러스는 변이가 일상다반사다. 과학 교양서적을 아주 약간 접한 나도 아는 사실을 왜 사람들은 모를까. 변이가 아무리 나타나든 결국 감기다. 자기 면역력을 올리고 평소 건강관리 하면 될 일이다. 아, 정말 너무나 답답한 이 시절.

그 와중에 7교시 종료령이 울린다. 종례하러 가야지. 아무 일 없었다는 듯. 마스크를 다시 올리고 나는 종례하러 간다.

〈하도 답답한 마음에 교육부에 보낸 민원〉

1. 지금 학교 현장에서 가장 시급한 일이 뭐라고 생각하시나요? 저는 아이들의 마스크를 벗기는 일이라고 생각합니다. 아이들은 집을 나서는 순간부터 마스크를 씁니다. 학교에 와서도 계속 씁니다. 마스크를 쓰고 수업을 받고 마스크를 쓰고 화장실에 갑니다. 책상에 엎드려 잠깐 자는 시간에도 마스크를 쓰고 잡니다. 심지어 체육 시간에도 마스크를 씁니다. 아이들은 공을 차며 뛰어다녀서 숨이 턱까지 차오른 상태에서도 마스크를 씁니다. 방과 후 야자 시간에도 마스크를 씁니다. 그러니까 야자를 하는 학생은 아침 9시부터 밤 9시까지 12시간 이상을 마스크를 쓰는 겁니다.

아이들은 마스크를 벗고 싶어도 벗을 수 없습니다. 학교에선 매일 정기적으로 3번 이상 교내 방송으로 마스크의 중요성을 강조하며 학생들을 세뇌시킵니다. 선생님들은 혹시라도 마스크를 턱에 걸친 애가 있으면 바로 지적합니다. 아이들은 숨을 쉴 수가 없습니다.

저는 담임을 하고 있습니다. "선생님 머리가 띵해요", "선생님 머리가 어지러워요" 유독 두통을 호소하는 애들이 많습니다. 학교에서 유일하게 마스크를 벗을 수 있는 식사 시간에 애들 얼굴을 살펴보면 열 명 중 다섯 명은 입 주변이 울긋불긋 트러블 천지입니다. 모두 마스크 때문입니다. 하지만 마스크의 피해는 단순히 두통, 피부 트러블 정도가 아닙니다. 몇 분만 숨을 쉬지 못해도 인간은 죽습니다. 산소는 생존에 있어 필수요소입니다. 그런데 지금 아이들은 어떻습니까? 마스크에 입과 코가 꽉 막힌채 맘껏 숨을 쉬지 못합니다. 매일 마스크를 쓰면서 산소를 충분히 흡입하지 못하면 어떻게 될까요? 자신이 내뱉은 이산화탄소를 들이마시는 시간이 하루, 이틀, 보름, 한 달, 반년, 1년 이어지면 어떻게 될까요? 전 너무나 걱정됩니다.

지금 아이들은 그다지 위험하지도 않은, 독감보다도 경미한 감기바이러스 때문에 모든 권리를 빼앗기고 살고 있습니다. 친구들과 맘껏 얘기할 권리, 자유롭게 몸을 움직일 권리, 편하게 식사하며 친구와 교제할 권리, 학교행사에 참여할 권리 등등. 이런 권리들을 누리기는커녕 가장 기본적인 신체의 자유마저 억압당하고 숨 쉴 권리도 박탈당하고 있습니다. 학교에서 말이죠.

코로나바이러스가 독감보다 경미한 바이러스라는 증거와 통계는 이미 차고 넘칩니다. 단지 주류언론에서 다루지 않을 뿐이죠. 사망자 숫자만 보아도 이 바이러스가 독감보다 약하다는 건 바로 알 수 있습니다. 해마다 독감으로 3000명 정도가 사망하는데, 지금 코로나가 2년째 지속되고 있는데 사망자가 몇 명입니까? 심지어 20대까지는 사망자가 제로입니다. 코로나 바이러스 때문에 죽은 학생이 있나요? 대체 왜 우리 아이들이 독감보다도 못한 바이러스 때문에 숨도 제대로 못 쉬고 몸과 마음을 통제당하며 살아야 하나요?

제발 방역 때문에 어쩔 수 없다는 식의 무책임한 답변 하지 마시고, 반드시 마스크의 유해성을 살펴보신 후, 지금이라도 아이들과 학부모에게 마스크의 유해성을 공지하시고 강제 착용을 금지해 주시기 바랍니다. 아니면 최소한 자율적으로 선택해서 착용할 수 있도록 공지해 주시기 바랍니다. 신체의 자유는 가장 최상위법인 헌법에 있는 기본권입니다.

2. 백신 접종으로 사망자만 벌써 400명을 넘어서고 있습니다. (질병관리청 통계) 그 사이에 코로나19 사망자는 몇 명인가요? 코로나 사망자는 하루 1건 나올까 말까입니다. 이는 독감보다도 못한 치명률입니다. (독감으로 매해 3000명 정도 사망합니다. 코로나는 2년째 사망자가 2000명도 안 됩니다.) 사망자 또한 주로 기저질환이 있는 80대 고령층이 대부분입니다. 19세 이하 코로나 사망자는 0입니다. 젊은 사람들에겐 사실 감기에 불과한 질병입니다.

지금 백신은 mRNA 백신으로 인류 최초로 시도되는 것입니다. 아직 임상도 끝나지 않았습니다. (2023년 임상 완료 예정) 인체에 어떤 영향을 미치고 앞으로 어떤 부작용이 생길지 아무도 예측할 수 없습니다. 이미 사망뿐만 아니라 부작용을 호소하는 사람들도 많습니다. 바이러스로 사망할 가능성이 거의 제로인 청소년들이 이 같은 위험을 안고 과연 백신을 맞아야 할까요?

대체 고3 학생들이 백신을 맞아야 할 이유가 무엇입니까?

백신 접종은 당연히 개인의 선택입니다. 물론 당연히 의무는 아니고 선택이라고 답하시겠지요. 하지만 현재 학교 분위기가 어떤지 아십니까? 혹시라도 수능 볼 때 피해를 입으면 어쩌지 싶어서 학생들은 불안한 마음에 접종 동의를 하고 있습니다. 대다수가 접종하는 분위기니 그냥 맞을 때 같이 맞자는 심정으로 동의하는 학생도 부지기수입니다. 백신에 대한 어떤 정보도 받지 못한 채 그저 분위기에 맞춰 접종 동의를 하고 있습니다.

학생들을 임상 대상 실험으로 삼지 마십시오. 우리나라의 미래인 아이들입니다. 당장 고3 백신 접종을 철회해주시기 바랍니다.

방역 때문에 어쩔 수 없다는 무책임한 답변은 사절합니다. 국민들이 하나둘 깨어나고 있습니다. 지금이라도 교육부에서 먼저 아이들을 위해 작금의 말도 안 되는 방역 정책을 당장 철회해주십시오. 아이들은 안전이 보장된 상태에서 교육받고 행복하게 자라날 권리가 있습니다. 헌법에도 명시되어 있는 가장 기본인권인 신체의 자유를 말살하는 마스크 착용, 백신 강요 정책을 당장 철회해주시길 피 토하는 심정으로 청원합니다.

21년 7월 1일
코로나가 아니라 코미디다.

제가 작성하는 코로나와 관련된 모든 글은 코로나 바이러스는 단순 감기바이러스일 뿐이며 지금의 모든 방역 정책은 '빈대 잡으려다 초가삼간 다 태운다'라는 전제하에 작성하는 글입니다. 혹시나 그렇게 생각하는 근거가 궁금하신 분들은 도서 '코로나 미스터리' 또는 이덕희 교수님의 브런치 글을 읽어보세요.

<코미디 1. "선별 진료소로 가">

학교마다 보건실이 있다. 병원 갈 정도는 아닌데 몸이 좀 불편할 때 이용하는 곳. 우리는 머리가 좀 어지럽다고, 배가 좀 아프다고, 무릎이 살짝 까졌다고 바로 병원으로 가지 않는다. 몸이 살짝 이상할 때마다 곧바로 병원으로 직행한다면 학교는 늘 조퇴하는 학생으로 넘쳐날 것이다. 학생이 몸이 안 좋다고 찾아오면 담임들은 일단 보건실로 보낸다. 가서 약 좀 먹어보고 좀 버텨보라고 한다. 보건실은 1차 진료실이자 치료실인 셈이다. 보건실은 학생이 소화가 안 될 때 소화제를 주고, 머리가 아플 때 두통약을 준다. 1시간 정도 누워 있어 보라고 침실도 제공한다. 그런 보건실 덕분에 학생들은 약간의 불편함이 생겨도 감수하며 원만히 학교를 다닌다. 학생들이 원만히 다니니 학교도 원활히 돌아간다. 보건실은 존재 이유가 분명한 곳이다.

코로나 이후 담임을 맡은 어느 날 학생이 찾아왔다. "선생님 머리가 좀 아파요." "보건실 가봐."

잠시 후.

보건실로 갔던 학생이 다시 돌아왔다.

"보건 선생님이 선별 진료소 가보래요."

"뭐라고?"

코로나 19 증상에 두통도 있으니, 혹시 모르니 선별진료소로 가서 검사를 받아보라는 것이었다. 그것도 지금 당장.

아무리 봐도 그 학생은 그저 일상적인 두통이었다. 열도 없었고 아무런 호흡기 증상도 없었다. 당장 조퇴를 하고 긴급하게 전염병 바이러스 검사를 받아야 할 상태가 아니었다. 내가 보기엔 하도 마스크를 써대서 산소부족과 이산화탄소 과흡입으로 인한 두통 같았다. 그런데 선별진료소를 가라고?

이후로도 코미디 같은 상황은 계속 벌어졌다. 좀 어지러워서, 배가 좀 아파서, 목이 좀 건조해서, 몸이 좀 피곤해서 보건실로 갔던 학생들은 여지없이 말했다. "보건 선생님이 선별 진료소 가보래요." 이 상황을 유심히 보던 어떤 선생님이 농담조로 말했다. "이야 이거 나중엔 머리가 가렵다고 해도 선별진료소 가라고 하겠어요. 허허"

이 무슨 코미디 같은 상황인가!

<코미디2. 확진자 발생!>

월요일. 출근 준비를 하고 있는데 학교로부터 문자가 왔다. "확진자 발생! 전교생 등교중지하고 가정에서 대기!" 씨발, 올 게 왔구나. 납덩이보다 무거운 마음을 안고 학교로 갔다.

학생 중 확진자가 한 명 발생하면 학교는 폐허가 된다. 텅 빈 학교에서 교사들만 열나게 전화 받고 문서작업 한다. '몇 반 학생인가요?', '저희 아이는 검사받아야 하나요?', '확진자 학생 동선이 어떻게 되나요?' 등 민원전화에 시달리고 확진자 학생과 동선이 겹치는 학생들을 색출하고 정리하느라 엑셀 자료를 열나게 만든다.

검사받을 학생이 정리되어 보고가 올라가자 곧 임시검사소가 학교에 차려졌다. 비마저 주룩주룩 내리는 월요일. 오후 3시쯤 검사명단에 포함된 학생들은 학교에 와서 검사를 받았다. 단지 확진자와 동선이 살짝 겹쳤다는 이유로 자신의 콧구멍을 허락했다.

확진자 학급과 밀접접촉자들은 등교하지 못했다. 나머지 학생들은 이틀 후 다시 등교했다. 등교하지 못한 학생들을 위해 교실에선 온라인과 오프라인 수업을 병행했다. 줌을 틀어놓고(이번 코로나 때 등장한 화상회의 프로그램, 쌍방향 온라인 수업에 많이 사용함) 수업을 한 것이다. 아이들은 선생님과 화면 속 멀쩡한 친구들을 번갈아 보느라 정신이 없었고 교사도 화면 속 멀쩡한 아이들과 교실 속 멀쩡한 아이들을 왔다리 갔다리 하느라 정신이 없었다. 그렇게 정신없게 2주가 흘렀다.

2주 후, 모두 돌아왔다. 동선이 겹쳤던 학생도, 확진자도. 아이들은 자기가 왜 2주간 격리당했는지도 모른 채, 아무 일 없었다는 듯 다시 등교했다. 심지어 확진자 학생도 자기가 왜 양성이 떴는지, 아무 증상도 없는데 생활치료센터에 왜 갔다 온 건지 모른 채, 돌아왔다.

죽은 사람은커녕 아픈 사람도 없었고 심지어 재채기 한번 한 학생도 없었다. 2주 동안 우리는 대체 뭘 한 것인가.

콧구멍만 열라 후비면서 말이다.

<코미디3. 왜 먹질 못하니>

전교생의 3분의 2만 등교하는 게 어느덧 일상이 된 학교. 고3은 매일 등교하고 고1과 고2는 한주씩 번갈아 가며 등교한다. 밀집도를 줄여서 감염을 예방하기 위한 조치란다.

그것도 부족하다고 여겼는지 등교한 학생들도 급식시간을 달리한다. 고3은 1시간 일찍 점심을 먹는다. 그 후에 다른 학년이 점심을 먹는다. 점심을 먹을 때는 자리를 한 칸씩 띄워 앉는다. 그러니 좌석 이용률이 50%밖에 안 된다. 만약 500개의 좌석이 있다면 250개 정도만 사용하는 것이다. 아이들은 섬처럼 뚝뚝 떨어져 혼자 밥을 먹는다.

그런데 학교에 전교생이 나오는 날이 있다. 시험 날이다. 물론 같은 시간에 모두 등교하는 건 아니다. 고3, 고2가 오전에 시험을 보고 점심 식사 후 하교를 한다. 고1은 오후에 와서 점심을 먹고 시험을 본다.

어쩔 수 없이 겹치는 시간이 있다. 바로 점심시간이다. 대량 급식의 특성상 조리 후 오랜 시간 방치할 수가 없다. 변질 우려 가 있고 행여나 식중독이 발생하면 수십, 수백 명의 인원이 피해 를 볼 수 있기 때문이다. 그래서 어쩔 수 없이 1시간~1시간 30 분 사이에 급식을 마쳐야 한다. 준비하고 치우는 이런저런 시간 을 제외하면 전교생에게 주어지는 시간은 1시간이다. 1시간 안 에 모든 인원이 급식을 마쳐야 한다.

무슨 미션임파서블마냥 분위기 잡고 써놨지만 사실 코로나 전 엔 일상이었다. 우리가 언제 학년별로 급식 시간을 달리했던가? 동일한 점심시간에 전교생이 모두 밥을 먹었다. 점심시간은 심지 어 1시간도 아닌 50분이었다. 50분 동안 전교생은 밥 먹고 양치 하고 축구하고 수다를 떨었다. 그게 가능했던 이유는 바로 급식 실 좌석이 많기 때문이다. 시간 내에 모두가 밥을 먹을 수 있도 록 처음 급식실 설계 때부터 충분한 좌석을 마련했다.

그 충분했던 좌석이 이젠 너무나 부족하다. 시험 날 급식상황 에선 말이다. 한 시간 안에 전교생이 밥을 다 먹어야 하는데, 거 리두기도 해야 한다. 좌석이 500개면 250개만 사용한다. 한 시 간을 3개 학년이 쪼개니 한 학년당 주어지는 시간은 20분이다. 20분 안에 절반의 좌석만 사용해서 급식을 완료해야 하는 것이 다.

그러니 어떤 그림이 그려지겠는가? 급식실 밖에선 줄 서 있 는 학년, 다음 차례 학년, 미리 와 있는 학년으로 도떼기시장이 다. 급식실 안은 또 어떤가. 자리가 없어서 어디 앉지도 못하고 음식물 담긴 식판만 들고 벌서고 있는 학생들 천지다. 자리에 앉아 있는 애들은 또 어떤가. 맘 편히 밥을 먹겠는가? 닥치는 대로 입에 음식을 꾸역꾸역 쑤셔 넣고 물 한 모금 못 마신 채 퇴식구로 향한다. 그야말로 아비규환이다.

그런데, 그런데 말이다. 진짜 자리가 없나? 정말 물리적 자리가 없어서 이러고 있나? 앉을 곳이 정말 없냐 이 말이다. 식판 들고 아이들이 벌서고 있을 때도 250개 자리는 비어 있었다. 급식실 밖 도떼기시장일 때도 250개 자리는 텅텅 비어 있었다. "선생님 10분밖에 안 남았는데 제 자리에 선배가 앉아 있어서 아직 밥을 못 먹었어요"라고 한 여학생이 울먹일 때도 250개의 자리는 넝넝넝 비어 있었다.

세상에 코미디 중에도 이런 개코미디가 어디 있는가. 비단 이것뿐일까? 이런 개코미디는 하루에도 몇 번씩 비일비재하다.

코로나가 아니다.

코미디다.

21년 7월 13일
교사는 지식인이 아니다.

  정부가 2주간 4단계 방역을 한다고 발표했다. 확진자가 1000명을 넘어서란다. 검사를 마구 해대니 확진자는 늘 수밖에. PCR 테스트 원리를 사람들이 알아야 하는데, 대중은 여전히 진실엔 아무 관심이 없다.

  "델타 변이가 점점 퍼진다는데 걱정이네요."

  "어서 백신을 맞고 싶어요." 이따위 소리나 하고 있다. 정말 제정신으로 살아가기 힘든 시절이다.

  고3 백신 일정이 나왔다. 22일, 23일 동네 체육센터에 모두 집합하여 담임 인솔하에 백신을 맞는다고 한다. 하, 이게 뭐 좋은 거라고 이렇게까지 일률적으로 맞힌단 말인가. 마치 꼭 맞아야 하는 의무 백신처럼 모든 상황과 분위기를 만들어 놓고 정작 강제는 아니란다. 진정 자율 선택이면 자기가 맞고 싶은 날 직접 병원에 가서 편하게 맞으면 된다. 한날 한곳에 모두 집합시켜서 하나하나 명단 체크하면서 일괄적으로 맞히는 게 정말 자율 선택이라고? 언어학자 누군가 그랬다. 의미는 언어적 요소보다 준

언어적, 비언어적 요소가 더 크며 독자적으로 존재하는 게 아니라 모든 사회적 맥락 속에서 존재한다고. 모든 사회적 상황과 분위기와 무언의 압력이 애들을 강제적으로 몰아가고 있다. 근데 자율 선택이라고?

애들이 백신 맞을 날은 다가오는데 아무도 이의제기를 안 한다. 언제 어디서 어떻게 맞는지, 담임의 역할은 무엇인지 등 절차상 수행해야 할 업무에만 관심이 있고 이걸 왜 맞아야 하는지에 대해선 아무 말이 없다. 대체 사망자 0인 전염병을 대비하기 위해 채 1년도 안 되어 나온 인류 최초 신형 백신을 애들이 왜 맞아야 하는지에 대해 아무 말이 없다. 교사 집단이 답답하고 꽉 막힌 곳이란 건 원래부터 알고 있었지만, 이번 코로나를 통해 정말, 너무나, 여실히, 미칠 듯이, 다시 한번 깨달았다. 교사는 지식인이 아니구나. 체제 순응형 인간을 찍어내는 학교에 배정된 중간관리자구나. 국가라는 지주를 위해 일하는 성실한 마름이구나.

지금 코로나 사기를 밝히는 일보다 더 중요한 일이 있을까. 아무 의미 없는 백신을 사람들이 맞고 있고, 심지어 고3 애들까지 맞을 예정인데... 대체 이거보다 더 중요한 일이 있을까? 주식이 어떻고, 방학 때 뭘 하고, 생기부가 어쩌고 이런 게 정녕 중요한가?

코로나 사태를 통해 확실히 알았다.
교사는 지식인이 아니다.

오늘은 방학식 날이다.

매일 열 체크를 하고 손소독제를 바르고 마스크를 옷처럼 착용하는 비정상적 상황에도 시간은 흘러 어느덧 방학이 다가왔다.

하나도 기쁘지가 않다. 원래 예전 같으면 방학만을 손꼽아 기다렸을 것이다. 교사에게 있어 방학은 가장 큰 선물이니까. 업무에서 벗어나 비교적 자유롭게 보낼 수 있는 한 달간의 시간. 그 시간이 어찌 달콤하지 않겠는가.

하지만 코로나 진실을 깨닫고 난 이후엔 모든 것이 시들하다. 자유가 사라지고 통제가 늘어나는 이 상황에 방학이 무슨 의미인가. 디스토피아로 달려가고 있는 이 상황에 맛있는 음식이, 즐거운 관광지가 온전히 느껴지겠는가? 마치 방학 숙제를 하나도 안 한 초딩 꼬마가 개학식 전날 치킨을 먹는 기분과 같다. 가장 시급하고 중요한 문제가 가슴에 꽉 차 있는데 소소한 즐거움을 어떻게 누리겠는가.

그런데 그런 기분은 나 혼자만인 듯하다. 교무실 선생님들의 수다가 다른 날보다 한층 많다. 분위기 자체가 들떠 있다. 어떤

분은 콧노래까지 흥얼거린다. 오늘 조퇴 몇 시부터 달 수 있어요? 한시라도 빨리 학교를 벗어나 방학을 누리고 싶은 마음에 다들 흥분상태다. 별거 아닌 이야기에도 인심 후한 웃음꽃이 피고 점심 도시락을 먹은 후에는 서로 나서서 교무실 청소를 하는 등 배려도 넘친다. 다들 방학이라는 엑스터시를 맞았다.

　내가 혹시 미친놈인가? 종종 이런 생각이 든다. 정말 너무나 당연한 듯이 백신 접종을 얘기한다. 동의서와 예진표를 출력해서 당연한 듯 모두에게 나눠준다. '백신 접종 날 봐요'라고 당연한 듯 인사하고 퇴근한다. '선생님 백신 맞으세요?' 이런 질문 자체가 없다. 그들에겐 '모든 사람은 죽는다'와 같은 전제가 깔려 있다. 모든 사람은 맞는다. 사람들은 아마 내가 접종을 안 한다는 사실을 모를 것이다. 왜? 물어본 적이 없으니까. '저 안 맞아요'라고 말할 기회 자체가 없었다. 이게 지금 학교 현장의 분위기다.

　어쩌면 내가 미친놈일지도 모른다. 그럴듯한 말들과 음모론에 빠져서 나 혼자 백신을 기피하는 건지도 모른다. 사실 별 위험도 없는데 괜히 오바하면서 혼자 두려워하는 건지도 모른다. 맞고도 멀쩡한 사람이 대부분인데, 극도로 희귀한 부작용 사례를 일반화시켜서 덜덜 떨고 있을지도 모른다. 사실 광우병 때도 그렇지 않았던가. 뭐 당장 뇌에 구멍이 뚫리고 쓰러질 거 같더만 정작 사람들은 멀쩡했다. 그 당시에도 광우병 관련 글들만 보면 정말 그럴듯했다. 그런 글들만 읽다 보면 쇠고기 자체를 먹을 수가 없었다. 쇠고기를 먹기만 해도 뇌에 구멍이 날 거 같았다. 하지만 시간이 지나자 흐지부지되었고 결국 광우뻥이 되었다.

아마 이번에도 별일 없을 것이다. 가벼운 발열이나 두통 오한 등 경미한 부작용만 있고 별일 없다는 듯 살아갈 거다. 설마 진짜 백신 맞으면 1년 안에 다 죽겠는가. 설마 백신 맞으면 평생 자가면역질환을 겪겠는가. 설마 백신 맞으면 불임이 되어 아이를 못 갖겠는가. 설마 아이를 가져도 기형아가 태어나겠는가.

라고 오늘은 스스로를 속여 본다. 나도 살아야 하니까. 미친 세상에서 계속 제정신으로 있으면 버티기가 힘들다. 그래서 스스로를 속이는 날들이 필요하다.

오늘은 방학식 날. 나도 방학 기분을 내본다. 스스로를 속여 본다.

그래 별일 없을 거야.

21년 7월 23일
아무 일도 일어나지 않았다.

　20, 21일 가족들과 함께 1박 2일 휴가를 다녀왔다. 첫째 날
은 계곡에서 놀았고 둘째 날은 수영장에서 놀았다.

　이번 여름, 아내는 이미 계곡을 두어 번 아이들과 다녀왔다. "
글쎄 계곡에서도 마스크를 쓰고 있더라구요." 이 말을 듣고 심란
해져 사실 이번에 계곡 가기가 망설여졌다. 야외, 그것도 산속
계곡에서 마스크가 대체 웬 말이냐. 그 모습을 그저 바라볼 수
있을까. 괜히 또 심사가 뒤틀어지는 거 아닐까 싶어서 주저했지
만 그런 거 저런 거 다 따지면 이제 놀러 갈 수도 없는 상황이
라 그냥 갔다.

　다행히 아직 피서철이 피크가 아닌지 계곡엔 사람이 별로 없
었다. 놀러 온 집단 사이에는 10미터 정도 간격이 있었다. 그 정
도 거리는 안전하다고 생각했는지 아니면 덜 예민한 사람들이
온 건지 몰라도 우리 주변에 마스크 쓴 사람은 없었다. 이 삼복
더위 날 계곡에 놀러 와서도 마스크 눈치밥을 먹어야 하는 현실
이 처량했지만 어쨌든 노마스크로 아이들과 잘 놀았다.

　둘째 날은 수영장을 갔다. "풀장에 있을 땐 안 쓰셔도 되지만

그 외 시간엔 쓰셔야 해요." 혹시나 해서 수영장 가기 전 수영장 마스크 문의를 하자 안내직원이 한 말이었다. 그래서 수영장 역시 썩 내키지 않았었다. 아니 수영장에서 수영할 땐 바이러스가 숨어 있고 풀장 밖에서 쉬고 있을 땐 바이러스가 활동하나? 대체 이 지독히도 재미없는 코미디를 언제까지 봐야 하나. 수영장에서 마스크를 쓰고 있는 사람들을 보면 괜히 휴가온 기분까지 싸그리 잡칠 거 같아서 망설여졌지만 역시나 이런 거 저런 거 다 따지면 언제 또 수영장에 갈 수 있을지도 모를 판이어서 그냥 갔다.

다행히 수영장엔 아무도 없었다. 우리만 있었다. 신나게 놀았다. 그 시간 그 공간만큼은 코로나와 무관한 시공간이었다. 한 시간쯤 지나자 사람들이 한 명, 두 명 들어오기 시작했다. 사람이 별로 없어서 안전하다고 생각했는지 아니면 덜 민감한 사람들인지 어쨌든 그들도 마스크는 쓰지 않았다. 우리 가족은 30분을 더 놀다가 밖으로 나왔다. 다행히 마스크를 쓰지 않고 계곡과 수영장에서 잘 논 셈이었다.

1박 2일 일정을 그래도 잘 마치고 집으로 가던 중 휴게소를 들렀다. 오줌을 누기 위해 화장실로 갔다. 한 칸 건너마다 입변기에 테이핑 처리가 되어 있었다. 테이핑 위에 글씨가 적혀있었다. '사회적 거리두기를 위해 한 칸씩 비워주세요.' 결국 휴가의 마지막 순간 지독한 코미디를 또 보고야 말았다. 코로나 코미디는 여전했다.

22, 23일은 우리 학교 코로나 백신 접종 날이었다. 9시부터 한 시간 간격으로 반마다 접종했다. 교직원들도 같이 접종했다. 예방접종을 위해 임시로 만들어진 단톡방엔 메시지가 계속 올라왔다. '1반 전원 접종 완료', '2반 전원 접종 완료', '3반 1명 추후 접종 예정, 나머지 접종 완료'... 보아하니 미접종자는 손에 꼽을 정도였다. 뭐 좋은 거라고 이렇게 다들 척척 맞는지. 예방접종은 아주아주 순조롭게 진행되었다.

다행히 맞자마자 실신, 즉사, 게거품 이런 증상은 없었다. 팔이 뻐근하다, 미열이 있다, 두통이 있다 등. 주사 맞은 후 흔히 겪는 증상들이었다. 안티 코로나백신자들 말로는 부작용은 당장 안 일어나도 수개월, 1년, 2년 후에 일어날 수 있다고 했다.

내 주변 사람들은 모두 백신을 맞아야 한다고 생각하고 실제로 다들 맞고 있다. 접종이 미친 짓이라고 말하는 사람은 나 혼자뿐이다. 나 혼자 깨어난 사람인가? 나 혼자 제정신인가? 저들은 모두 세뇌된 것일까? 모두 바보들인가? 사실은 나 혼자 사이비 종교처럼 이상한 정보에 빠져버린 게 아닐까? 대체 진실이 뭘까.

22일 단체 접종 첫날, 무난했다.
23일 단체 접종 둘째 날, 역시 무난했다.
앞으로, 과연 어떻게 될까?

날이 덥다. 올여름은 덥다더니 정말 덥다. 에어컨을 24시간 풀가동해도 어느새 여름의 끈적함이 알게 모르게 달라붙는다. 이런 와중에도 사람들은 마스크를 열심히 쓰고 있다. 한낮 2시 야외에서도. 코까지 꼭 덮어서.

자꾸만 백신 의무접종을 주제로 한 뉴스가 뜬다. 물론 해외 뉴스다. 의무접종을 해야 한다는 목소리를 자꾸만 해외 뉴스를 빌려서 슬쩍 슬쩍 들이민다. 백신을 안 맞으면 주 1회 PCR 테스트를 해야 한다는 소식도 전한다. 실제로 요양원 종사자들은 이미 시행하고 있다는 소식도 들린다.

두렵다. 점점 조여오는 느낌. 내가 속한 동심원이 어디쯤일까. 나를 감싼 동심원들이 하나하나 부서져 나가는 걸 느낀다. 요양원, 의료인, 군대, 경찰... 저항하기 힘든 집단들부터 백신을 맞아가고 있다. 백신 인센티브, 동조의 압력, 사회적 분위기, 주 1회 pcr검사... 백신을 맞지 않고는 못 버티게 점점 코너로 몰아간다. 공립학교 정교사라는 나의 동심원은 아직까진 견고하다. 허나 언제까지 그 동심원이 견고할까.

큰 욕심 없는데. 집도 있고 차도 있고 자식도 둘이나 있으니 더 바랄 것도 없는데. 꼬박꼬박 나오는 월급으로 그냥저냥 평범한 삶을 살며 늙어가고 싶은데. 고작 감기로 왜 이리 못살게 구는 거냐. 왜 헌법에 보장된 기본권을 이리도 침해하는 거냐. 대체 왜 이렇게 백신을 못 맞혀서 지랄 발광이냐!

백신을 안 맞으면 직장도 잃고 대중교통도 이용 못 하는 상황이 정말 올까? 설사 피한다고 해도 주 1회 PCR 검사를 의무적으로 받아야 하는 시기가 정말 올까? 아직은 아니지만, 아직 우리나라는 자율 선택이지만, 아직 학교 교사에게 주 1회 PCR 검사를 요구하지는 않지만, 왠지 그런 판을 만들기 위해 지금은 부지런히 밑밥을 까는 느낌이다.

백신을 안 맞고는 못 배길 상황이 온다면 그때 나는 어떻게 살아야 할까. 소송도 불사하며 끝까지 저항해야 할까? 육아휴직을 쓰며 최대한 미루고 버텨야 할까? 모든 걸 내려놓고 정말 시골로 가서 농사지으며 살아야 할까?

뭐 하나 맘에 드는 게 없다. 모든 선택지가 사실 버겁다. 평생을 도시 남자로 살아온 내가 농사를? 하, 생각만 해도 아찔하다. 소송은 뭐 쉽겠는가? 이긴다는 보장도 없는 상황에서 밑 빠진 독에 물 붓듯 끝없이 돈과 시간과 에너지를 쏟아야 하는 일. 생각만 해도 피곤하다. 육아휴직? 그거야말로 임시방편일 뿐. 2년째 이러고 있는데 언제 끝날 줄 누가 알겠는가?

신체의 자유마저 보장받지 못할까 봐 벌벌 떠는 2021년이 올 줄은 정말 몰랐는데. '인생 뭐 있어? 까짓거 어떻게든 살겠지'라며 센 척해보지만, 솔직히 두렵다.

그래도 억지로 힘을 내본다. 살아야 하니까. 미래는 오지 않았으니 다시 웃는 얼굴로 희망을 품고, 사랑하는 아내와 아이들을 보러.

집에 갈 시간이다.

심란할 때 불교 경전을 해석한 책을 읽으면 마음이 좀 편해진다. 색즉시공 공즉시색. 세상 모든 것은 고정된 실체가 없고 무수한 인연에 의해 지금의 모습을 이루고 있을 뿐이라는 얘길 듣다 보면 마음이 차분해지면서 세상사에 한 걸음 떨어져 관조하게 된다. 요즘 '반야심경 마음공부'라는 책을 읽고 있는데 코로나로 인해 어지럽던 마음이 갈무리됨을 느낀다.

오늘 읽다 보니 이 부분이 눈에 들어온다. '악은 어떻게 생겨나는가? 선을 정했기에 생겨나는 것이다. 선이 없으면 악도 없다. 이것이 선이라고 구분하는 순간 악도 생겨난다.' 문득 지금 코로나 사태도 같다는 생각이 들었다.

코로나로 사람들을 통제하고 백신을 강요하는 저들을 나는 악으로 바라보고 있다. 그 세력은 원래부터 악이었나? 아니다. 개인의 자유와 백신 자율 선택권을 선으로 정했기에 그와 반대되는 악이 생겨난 것이다. 나는 개인의 자유를 선이라고 생각하기에 그 자유를 억압하는 세력이 너무나 싫은 것이다. 악이라고 생각하는 것이다. 그럼 개인의 자유는 절대적인 선인가? 아니다.

개인의 자유라는 생각 역시 인간이 만들어 낸 관념일 뿐이다.(개인의 자유라는 관념은 근대에 와서야 비로소 생겨났다) 그 관념을 선이라고 정했을 뿐이다. 선이 생겨나니 당연히 악이 생겨났다.

또 하나 눈에 들어온 부분. 무명. 빛이 없는 것. 빛이 없으면 보이지 않거나 흐릿하게 보인다. 즉 명확히 알 수가 없다. 무명은 궁극의 이치를 모르는 것이다. 진리를 깨닫지 못하고 헛된 망상 속에서 살아가는 것. 평범한 속인들은 대부분 무명의 상태에서 살아간다.

코로나 진실을 깨달은 후 가장 힘들었던 건 그걸 나눌 사람이 없다는 점이었다. 이게 그냥 감기에 불과하다는 걸, 방역이라는 이름의 모든 짓들이 개헛짓거리임을 한시라도 빨리 알려주고 싶었다. 알려주고 퍼트리기만 하면 곧 코로나 사기에서 벗어날 거라고 생각했다. 그건 지독한 착각이었다.

사람들은 철저하게 무관심했다. 코로나 진실을 알려주는 영상을 공유해도, 글을 공유해도, 책을 소개해도, 기사를 보여줘도 아무 반응이 없었다. 대체 왜 이런 걸 공유하고 알려주냐는 듯한 느낌. 나와의 친분 때문에 딱히 뭐라 말은 못 하지만 불편해하는 느낌. 이단 종교에 빠진 사람이 절실하게 전도를 할 때 그를 불편하게 바라보는 그런 느낌이랄까. '어쩌다 이런 음모론에 빠졌냐, 이게 진짜 팩트라고 생각하는 거냐'라고 나에게 사람들은 무언의 고함을 지르고 있었다. 한 번, 두 번, 세 번... 내 마음은 지쳐갔다. 깨워도 도무지 깨어날 생각을 않는 그들이 답답했고 원망스러웠다. 제발 좀 깨어나라고 이 사람들아!!! 지쳐만 갈 뿐이었다.

코로나 무명. 평범한 속인들은 대부분 코로나 무명 속에서 살아간다. 그저 뉴스가 전하는 소식만 보며 그게 진실이라고 믿으며 살아간다. 과연 코로나 사태가 특별해서 그럴까? 아니다. 그냥 대부분 사람들은 원래 그렇게 무명 상태로 살아간다. 무수한 고정관념과 어둠 속에서 육체의 감각에 의지해 쾌락을 좇으며 하루하루 살아간다. 밥 먹여주는 것도 아닌 진리에는 관심이 없다. 예전부터 그래왔다. 거기에 이번 코로나 사태가 더해졌을 뿐이다.

결국 무수한 인연에 의해 지금의 코로나 사태 또한 생겨났다. 영원한 건 없으니 어떤 식으로든 코로나 사태는 또 변해갈 것이다. 시민들의 강력한 저항으로 다시금 개인의 자유를 찾을 수도, 아니면 코로나를 기획한 이들의 의도대로 단일정부 통제사회가 완성될 수도 있다.

어떤 식으로 변해가든 억지로 애쓸 필요는 없다. 거대한 인연에 의해 흘러가는 현상을 개인이 무슨 수로 막겠는가. 그저 바라본다. 그리고 살아갈 뿐이다. 왜?

살아있으니까.

21년 8월 17일
모피어스, 그냥 파란약도 줘 볼래?

개학을 했다.

사실상 우리 학교는 전교생, 전 교직원이 백신 2차 접종까지 완료했다. 99% 접종률.

개학한 학교는 방학 전 학교와 다른 게 없었다. 학생들은 모두 등교했고 교사들은 모두 출근했다. 죽어 나자빠지거나 숨을 못 쉬어 응급실에 실려 간 사람은 없었다.

차라리 정말 누구 하나 죽어 나가거나 하루아침에 반병신이 되는 모습을 직접 보면 오히려 더 확신을 가지고 당당히 살아갈 텐데. 정작 내가 직접 경험할 수 있는 사람들은 모두 멀쩡하다. 분명히 백신 부작용이 많다고 했는데. 20대 청년이 엿새 뒤 심근염으로 죽었다고 했는데. 왜 내 눈으로 직접 확인할 수 있는 사람들은 다들 멀쩡한 것인가!

인간은 결국 사회적 동물이다. 독불장군은 결국 외롭고 힘든 법이다. 이미 숱한 통계와 자료들을 통해 코로나가 거짓부렁이고 백신은 독일 뿐이라는 사실을 너무나 잘 알고 있지만, 너무나 명백한 사실을 나 혼자만 알고 있으려니 마음은 힘들다. 나도 불과 2년 전만 하더라도 저들과 어울려서 영화나 드라마 얘기를 하고 시답잖은 남녀 심리나 논하면서 낄낄댔는데. 이젠 그들과 할 얘기가 별로 없다. 거머리 같은 미래가 점점 다가오며 숨통을 조여오는데 주말에 어딜 놀러 갔는지 뭘 처먹었는지가 궁금하겠는가?

주류언론은 자꾸만 백신 의무화니 어쩌니 하면서 분위기를 몰아간다. 국내 백신 어쩌고 하면서 백신 공장까지 세웠단다. 나는 백신을 절대 안 맞을 것이다. 그냥 모른척하며 맞기엔 이미 너무 많은 걸 보고 듣고 알아버렸다. 만약 정말로 강제 접종이 시행된다면 퇴직까지 각오하고 있다.

그런데 퇴직하면 먹고 살 수단은 있나? 그렇진 않다. 너무나 막막하다. 그림을 그려보려 애써도 도무지 그려지지 않는다. 그저 적당히 안 짤릴 정도로 정년까지 채우며 월급이나 받아먹을 생각이었는데 그걸 못 할 수도 있다고 생각하니 겁이 난다. 뭐 해 먹고 살아야 하나. 생계에 대한 두려움. 그런 암울한 미래를 그리다 보면 밥맛도 없고 재미도 없다.

그런 내 맘도 모르고 동료들은 백신 접종을 2차까지 마쳤다. 그리고 개학을 했다. 어쨌든 일단은 계속 먹고 살아야 하니 나도 출근을 했다. 혹시나 일어났을지 모를 비극적 사건을 애도하는 마음으로 출근했다. 그런데 아무 일도 일어나지 않았다.

파란 약을 먹은 99% 속에서 나는 오늘도 빨간 약을 먹은 채
함께 살아가고 있다.

시간은 흘러 어느덧 9월이 되었다.

여전히 학교는 별일 없다. 학생들도, 교직원들도 무탈하다. 간혹 다리가 저리다, 머리가 아프다고 말하는 교사가 있지만 외양상으론 멀쩡하다. 몸이 안 좋아서 결석하는 학생들도 더러 있지만 원래 질병 결석은 늘 있는 일이었다. 적어도 내 주변이라는 세계만으로 한정하면 백신 부작용은 없다. 아직까지는.

사람은 적응의 동물이다. 이 문장을 코로나 사태를 겪으며 뼈저리게 느끼고 있다. 마스크는 이제 의복처럼 일상이 되었다. 마스크를 안 쓴 채로 실내에 있으면 알몸으로 있는 듯한 다급함과 수치심이 생긴다. 누가 나에게 다가오거나 말이라도 걸면 마음이 도망 다니기 바쁘다. 얼른 마스크를 써야 안심이 된다. 나중에 다시 마스크를 벗게 된다면 한동안은 벌거벗은 채로 다니는 듯한 기분이 들 거 같다.

지금은 방역 4단계다. 매일 확진자가 2000명을 왔다 갔다 한다. 6시 이후로는 2명까지만 모임이 가능하다. 며칠 전, 나 포함

셋이서 저녁을 먹으러 갔다. 가게 주인이 와서 말한다. "저 6시 이후로는 2명까지 합석할 수 있어서요." 시계를 보니 5시 50분이었다. 가게를 둘러보니 모두 둘씩 앉아서 밥을 먹고 있었다. 셋이서 밥을 먹으려면 6시 전에 와야 하는구나. 참담한 기분으로 나눠서 앉으려는 찰나, 한 분이 말했다. "아, 저희 다 백신 맞았어요." 뉴스에서 듣기로 백신 맞은 사람은 인원 카운트에서 뺀다고 했던 거 같다. 백신 맞은 인증서를 보여주네 마네 하면서 결국 셋이서 밥을 먹긴 했다. 먹는 내내 답답함인지 비웃음인지 알수 없는 감정이 자꾸만 치밀어올라 왔다. 6시 이후는 두 명만 사적 모임이 가능하다니. 대체... 왜? 무엇을 위해서?

만약 타임머신이 있어서 2019년 사람이 지금 시대로 왔다고 가정해보자. 그 사람은 2019년에서 불과 2년밖에 안 지났으니 2019년에서 살던 그대로 행동할 것이다. 길을 걸어가는데 마스크 쓴 사람들이 자기를 힐끗힐끗 쳐다본다. 버스를 탔는데 죄다 마스크를 코까지 덮어 쓰고 있다. 지하철을 타기 위해 교통카드를 찍으니 '마스크를 착용하십시오.'라는 기계음이 자동으로 나온다. TV를 트니 일기예보처럼 매일 코로나 확진자 보도가 나온다. 음식점에 가니 체온 측정을 하고 큐알코드를 찍으라고 한다. 재난 문자가 하루에도 몇 개씩 온다. 공원에서도 사람들은 마스크를 쓰고 조깅을 하고 자전거를 타고 인라인을 탄다. 친구들과 저녁을 먹으러 음식점에 가니 6시 이후론 2명만 함께 앉을 수 있다. 술집에 가니 9시가 되자 영업이 끝났다고 한다. 일주일을

보내고 다시 2019년으로 돌아가게 된 그는 말한다. '대체 무슨 일이 일어난 거야!!'

그렇다. 대체 무슨 일이 일어난 걸까. 인류와 예전부터 함께 해온 흔한 감기바이러스 때문에 말이다.

국어사전에서 대중을 검색해보았다.

대중 - 대량 생산·대량 소비를 특징으로 하는 현대 사회를
구성하는 대다수의 사람. 엘리트와 상대되는 개념으로, 수동적·
감정적·비합리적인 특성을 가진다.

소비를 특징으로 하는, 대다수의 사람, 엘리트와 상대되는,
수동적, 감정적, 비합리적인 특성.

그래서 그렇게나 답답했었구나. 이미 사전엔 대중의 특성이
다 나와 있었다.

코로나 진실을 깨달은 사람이 가장 먼저 하는 일이 뭘까? 주
변에 알리는 것이다. 가족, 친구, 지인, 동료. 일단 친한 사람부
터 알린다. 자기에게 진실을 알려준 책을, 영상을 주변에 알린
다. 뭐야 이거 개사기였잖아!! 어서 알려줘야겠다. 들뜬 마음으로
여기저기 진실의 불씨를 뿌린다. 나로부터 퍼져 나간 진실의 불

씨가 들불처럼 번져나가길 기대하며, 그 옛날 민주화운동처럼 모든 국민이 거리로 나오길 희망하며 두근거리는 심장을 붙잡고 기다린다. '뭐야, 이게 사실이란 말이야? 이거 진짜 개사기잖아!' 라는 답을 기다린다.

침묵. 코로나 진실의 객관적 자료를 공유했을 때 가장 많이 나온 반응이다. 답문은커녕 가타부타 아무 말이 없다. 단톡방에 던진 카톡은 스팸메시지처럼 혼자 덩그러니 남겨진다. 10, 9, 8, 7 ... 읽었다는 숫자는 계속 줄어드는데 아무도 반응이 없다. 그러다 누군가 말한다. '요즘 주말에 어디서 노냐?' 그제서야 단톡방은 활기를 띤다. 강원도가 어쩌고, 펜션이 저쩌고... 밀물처럼 밀려드는 일상적 대화에 나의 진실톡은 썰물처럼 빠져나간다. 사람들은 먹고 입고 마시는 소비에 관심이 있을 뿐, 진실에는 관심이 없었다.

아니 어떻게 관심이 없을 수 있지? 당황스러웠다. 지금 코로나 진실보다 더 중요한 게 있나? 인류의 삶 전체를 통제하고 있는 이 바이러스에 대한 진실보다 더 궁금한 게 있나? 이에 대한 정보를 전달하는데 어떻게 아무 반응이 없을 수 있지?

모두가 침묵은 아니었다. 가끔 대꾸하는 사람도 있었다. 하지만 그들은 내가 전한 정보를 꼼꼼히 분석하고 논리적으로 따져보고 말하는 게 아니었다. 그냥 대충, 건성으로 한번 훑고 선심 쓰듯 대꾸를 해줬다. 그 대꾸들은 표현은 조금씩 달랐지만 내용은 두 가지로 압축된다. '야, 의사들이 바보라서 이러고 있겠냐?', '야, 전 세계 사람들이 바보라서 이러고 있겠냐?' 매일 뉴스에 나오는 의사들은 너보다 똑똑하다, 전 세계에서 일어나고 있는 일인데 거짓일 리 없다. 이 두 가지 사고 틀에서 사람들은 벗어나지 못했다. 매해 독감 사망자보다 코로나 사망자가 더 적다고, 사망자 대부분이 80세 이상 기저질환자라고, 그렇게 사람들이 죽어 나간 듯 보인 미국도 2020년 총 사망자 수는 예년과 비슷하다고 통계를 근거로 설명해도 아무 소용 없었다. '아 몰랑~ 힘들게 봉사하는 의료진 힘 빠지게 하는 소리 하지 말고 방역 수칙이나 잘 지키자~ 우리나라 의료진이 영웅이양~'하며 국뽕인지 K뽕인지 감정에 취해 자신의 사고 틀 안으로 돌아갔다. 그리곤 더 이상 대꾸하지 않았다.

백신이 나온 후, 부작용으로 사람들이 죽어가기 시작했다. 사람들이 그토록 신뢰하는 주류언론에서도 백신 사망자를 주기적으로 보도했다. 국민청원에도 백신 부작용을 호소하는 글이 정기적으로 올라왔다. 고3 접종 후 네이버 지식인에 고3 백신만 쳐도 부작용 호소가 줄줄 딸려 나왔다. 1994년부터 2019년까지 백신 접종 총사망자가 135명인데 8개월 간 코로나 백신 접종 사망자가 800명이라는 질병청 공식 통계를 보여 주지 않아도 충분할 정도로 부작용 소식은 어디서나 접할 수 있었다. 심지어 코로나 백신 사망자는 하루에도 5~10건인데 정작 코로나 사망자는 하루 1~2건이었다. 질병을 예방하기 위해 맞는 백신인데 질병 사망자보다 백신 사망자가 더 많다? 다른 거 다 떠나서 이것만 봐도 당연히 백신을 안 맞는 게 상식 아닌가? 여기에 무슨 거창한 논리가, 치밀한 사고가 필요한가?

사람들은 자기 차례가 오면 맞았다. 왜 맞냐고 물으면 '집단 면역을 위해서', '코로나 중증으로 가는 것을 막기 위해' 등 언론에서 주워들은 말을 내뱉었지만, 내가 보기에 그건 진정한 이유가 아니었다. 그냥 맞는 거였다. 남들 다 맞으니까, 매일 백신만이 살길이라고 뉴스에서 떠드니까, 백신을 꼭 맞으라고 정부가 24시간 떠들어대니까. '아 몰랑~ 설마 나한테 부작용 생기겠어? 얼른 백신 맞고 일상으로 돌아갈랭~'하며 스스로 팔을 걷어붙였다. 옷 하나 사는 것도 몇 번을 입어보고, 화장품 사는 것도 몇 번을 손등에 발라보던 사람들이 정작 자기 몸에 주입되는 주사액엔 어떤 성분이 있는지도 모른 채 그냥 맞았다.

　그래서 대중이라고 하는구나. 대부분의 사람들은 진실에 아무 관심이 없었다. 자료를 줘도 적극적으로 읽지 않았다. 그저 가만히 있으면 떠먹여 주는 티브이 앞에 멍하니 있었다. 마스크의 유해성을 논하는 자료를 줘도 읽지 않았다. 대신 '어떤 마스크가 예쁠까?' 하며 마스크마저 소비했다. 사람들은 자신들이 사는 세상 밖으로 나가려 하지 않았다. 그 세계 안에서만 열심히 먹고 마시고 생각했다. 대중이었다.

　하긴 인류사를 보면 늘 그래왔다. 언제 대중이 원하는 대로 세상이 흘러갔던가. 대중이 IMF 사태를 원했는가, 대중이 군사 정권을 원했는가, 대중이 6·25 전쟁을 원했는가, 대중이 일제 식민지를 원했는가. 소수 권력자들에 의해 역사는 쓰였고 대중은 그들이 이끄는 대로 늘 따라갈 뿐이었다. 이쪽으로 몰면 이쪽으로 우르르, 저쪽으로 몰면 저쪽으로 우르르.

지금도 마찬가지 아닌가. 마스크 쓰라니까 마스크 사러 우르르, 백신 맞으라니까 잔여 백신 예약하러 우르르.

대중은 늘 그래왔고 지금도 그렇고 앞으로도 그렇지 않을까.

정부, 의료진-교사 등 백신 의무접종 검토… '위드 코로나' 준비

오늘 자 기사다. 드디어 떴다. 혹시나 의무접종으로 가지 않을까 매일 조마조마한 마음으로 살아가는데 드디어 간보기용 기사가 떴다.

제목에서 벌써 간보기라는 게 드러난다. 일단 검토다. 이건 당연한 수순이다. 이 코로나 사태를 자세히 관찰하면 이들이 우리의 자유와 권리를 어떻게 빼앗는지 알 수 있다. 조금씩 조금씩. 다짜고짜 처음부터 시행하는 게 아니라 조금씩... 조금씩... 잠식해 간다. 마스크만 봐도 그렇다. 처음엔 권고였다. 증상이 있으면 마스크를 써달라. 별 저항이 없자 수위를 조금씩 높였다. 건강한 사람도 마스크를 써달라. 대중교통 이용 시엔 마스크를 꼭 써달라. 실내에선 꼭 써달라. 야외에서도 가급적 써달라. 그렇게 조금씩 조금씩 마스크를 쓰는 사회적 분위기가 형성되자 어느 순간 과태료를 부과하고 의무로 바꾸었다. 만약 처음에 '오늘부터 모든 사람이 의무적으로 마스크를 써야 한다'라고 발표했

다면 어땠을까? 사람들이 가만히 있었을까? 가랑비에 옷 젖듯 사람들은 마스크에 조금씩 순응해갔고 결국 스스로 자신들의 숨통을 틀어막는 사회적 분위기를 만들었다.

백신 역시 마찬가지다. 백신이 나오자마자 '국민들은 의무적으로 모두 백신을 맞아야 한다'라고 말하면 사람들이 받아들일까? 물이 든 냄비에 개구리를 넣고 온도를 갑자기 확 높이면 개구리는 뛰쳐나간다. 급작스러운 변화는 사람들이 받아들이지 않는다. 저항한다. 사람들 역시 마찬가지다. 갑자기 '접종은 의무다'라고 발표하면 모두 거리로 뛰쳐나올 것이다.

정부는 지속적으로 백신 냄비의 온도를 조금씩 올렸다. 연령대를 나눠서 고령자부터 맞히기 시작했다. 또한 직종별로 나눠서 요양병원 종사자들부터 반강제적으로 맞혔다. 국민을 철저히 흩뜨린 후 거부하기 힘든 대상부터 그럴듯한 명분을 내세우며 맞혔다. '고위험군을 먼저 보호해야 한다'는 명분을 내세웠지만 실상은 가장 약한 부분부터 파고 들어간 것이다. 백신 냄비의 온도를 조금씩 높이기 위해서였다. 가끔 튀어 오르는 개구리들이 보이면 '접종은 자율 선택입니다'라고 공식적으로 말하며 온도를 조금 낮추었다. 그리곤 다시 조금씩 온도를 높였다. 국민들이 뭉치지 못하게 자잘자잘 나눠서 조금씩 조금씩. 그리고 어느 순간 접종자의 비율이 절반을 넘어갔다.

마스크처럼 백신도 어느 정도 분위기가 잡혔다고 판단한 것일까? 며칠 전 접종 인구가 60%를 넘었다는 기사를 보며 걱정했는데, 결국 오늘 의무접종 검토 기사를 보고 말았다.

이번에도 그들의 수법은 비슷하다. '검토'라는 용어를 사용하며 가랑비를 뿌리기 시작한다. '의무접종이라니 뭔 개소리야!'라고 발끈하는 탄광의 카나리아에게 말한다. '에이 검토라니까 왜 그래~'. 저항 의지를 꺾는다. '의료진, 교사' 등으로 범위를 제한했다. 역시 철저히 국민들을 나누고 있다. 왜? 뭉치면 무서우니까. 뭉친 집단은 강력하니까. 뭉치면 살고 흩어지면 죽는다는 진리를 저들은 명확히 이해하고 있다. 하나로 뭉쳐진 국민을 이길 수 있는 권력자는 없다. 그래서 저들은 국민을 흩뜨리고 분열시킨다. 철저히 나눈다. 그리고 약한 부분부터 파고든다. 온도를 조금씩 높인다.

하나로 뭉쳐야 하는데, 내 주변은 아직도 코로나를 믿고 있다. 마스크도 철저히 쓰고 백신도 다 맞았다. 뭉쳐 있긴 한데 세뇌로 똘똘 뭉쳐 있다.

정말 의무화가 될까? 그럼 교사 관둬야 하는데. 뭐 해 먹고 살지? 사방이 캄캄하다.

세상의 모순을 논할 자격이 나에겐 없다.

내일부터 추석 연휴다.

코로나가 터진 후 맞이하는 4번째 명절. 설, 추석, 설, 추석. 벌써 네 번째다. 여전히 주류언론은 이번 명절은 이동하지 말라고 한다. 모두를 위해 집에서 보내라고 한다. 한 번도 아니고 두 번도 아닌 네 번째인데도, 대중들은 의심을 안 한다. 시국이 시국이니 고향에 내려가면 안 되겠지? 이런 말을 주고받는다.

어쨌든 시간은 계속 흐르고 내가 분통을 터트리든 절망을 하든 세상을 돌아간다. 잘도 돌아가는 정도까진 모르겠지만 어쨌든 계속 돌아간다.

학교 역시 계속 돌아간다. 4년제 수시 원서접수가 끝나자 교사들은 전문대 원서접수 상담을 시작했다. 어떻게든 대학 하나는 보내려고 나름 애쓴다. 꾸역꾸역 전문대 하나라도 합격시키려고 애쓴다. '여기 어떠니? 혹시 다 떨어질지 모르니 여기는 일단 보험으로 하나 쓰자.' 행여나 다 떨어진 아이가 나중에 찾아와서 자기 인생 책임지라고 할까 봐 듣보잡 대학도 열심히 추천한다. 하나라도 붙이려는 이유는 간단하다. 아이의 미래를 위해서? 교사의 사명감으로? 물론 그런 교사도 있겠지만 대부분은 요거다. '자기 맘 편하려고.' 하나라도 붙여야 나중에 자기 맘이 편하니까.

교사가 자기 맘 편하기 위해 떠먹여 준 대학에 합격하면 그 학생은 기쁠까? 비록 누군가 떠먹여 준 대학이지만 대학에 간 이후 주체적으로 자기 미래를 설계하고 인생에 대해 고민하며 한 명의 성인으로 당당히 살아갈 수 있을까? 아니 다른 거 다 떠나서 코로나22, 코로나24 같은 사태가 또다시 찾아왔을 때 과연 진실을 꿰뚫어 볼 수 있을까? 역사적 대사기극이 닥쳤을 때 그 본질을 꿰뚫어 보고 그에 맞서 주체적으로 살아가는 사람으로 성장시켜야 그게 바로 진정한 교육 아닐까? 지금 이렇게 듣보잡 대학이라도 쑤셔 넣으려 하는 교육 현장이 과연 이 아이들의 미래에 도움이 될까? 나는 도무지 모르겠다.

하긴 학교의 모순을, 세상의 모순을 논할 자격이 내겐 없다. 나 역시 모순투성이니까. 학교가 인간의 진정한 성장과 아무 관련이 없고 단지 사회체제를 견고히 하는 수단일 뿐이라는 사실을 깨달았으면서도 계속 다니고 있다. 코로나바이러스는 그저 단순 감기바이러스일 뿐이고 모든 것은 계획되었다는 사실을 알았으면서도 학생들에게 마스크 벗으라고 당당히 말하지 못한다. 운동장에서 축구 하면서 마스크를 코 위까지 덮어쓰고 있는 애들한테 아무 말도 못 한다. 지식과 행동이 따로 논다. 모순덩어리다.

나와 대중과 세상이 모두 모순덩어리여도 어쨌든 시간은 꾸역 꾸역 흐른다. 시간이 지난 뒤 어떤 식으로든 그림은 그려져 있을 것이다. 절망을 논하기엔 아직 그림이 흐리다.

코로나 이전에도 학교의 본질을 깨닫고 교직에 아무런 열정이 없었지만, 코로나 이후엔 그나마 있던 정마저 떨어졌다. 코로나 백신을 고3 99.9%에게 접종시키는 것을 보곤 정말 오만 정 다 떨어졌다. 나에게 학교는 그야말로 먹고 살기 위해 다니는 직장일 뿐이다.

고3 2학기는 학교의 속살이 그대로 드러나는 시기다. 일단 수업이 붕괴된다. 교사가 수업을 하려 하면 아이들은 놀란 얼굴로 물어본다. '엥? 수업해요?' 아이들이 이렇게 물어보는 건 전혀 이상한 일이 아니다. 교사도 수업하는 시늉만 할 뿐 진짜 수업을 할 생각은 없다. 우리 모두는 아는 것이다. 학교가 입시 도구인 이상, 2학기 수업은 의미가 1도 없음을.

대학 진학의 길은 두 가지가 있다. 수시와 정시. 정시는 수능으로, 수시는 내신과 학생부로 평가한다. 그런데 그 내신과 학생부가 3학년 1학기까지만 평가대상에 들어간다. 그러니 3학년 2학기 내신과 학생부는 아무짝에도 쓸모가 없는 것이다. 그러니

아이들이 물어볼 수밖에. '엥? 수업해요?'

정시 준비 학생들을 위해 수업을 할 수도 있지 않냐고 물어볼 수 있겠다. 위에서 말했듯 정시는 수능이 전부다. 요즘은 수능 대비 인강이 널리고 널렸다. 그것도 난다 긴다 하는 일타 강사들의 인강을 패드나 휴대폰만 있으면 언제 어디서든 볼 수 있다. 빠르게 볼 수도, 느리게 볼 수도, 반복해서 볼 수도, 24시간 볼 수도 있다. 그러니 굳이 교사가 수능 준비를 위해 문제 풀이를 한들 그걸 듣겠는가? 차라리 그 시간에 일타 강사의 일타 강의를 듣는 게 낫지. 실제로 수능 준비하는 학생들은 패드를 가져와서 아예 책상에 세워놓고 그것만 본다. 앞에 교사가 있든 없든.

학교에 그나마 정이라도 있던 코로나 이전에는 이런 시기가 괴롭기도 했다. 이렇게 자습만 시켜도 되는 건가, 아이들을 위해 뭐라도 해야 하는 거 아닌가 하는 마음에 문제 풀이도 하고 면접 준비도 시키고 자기소개서 수업도 했다. 그런데 이제는 아무것도 안 한다. 2년째 아이들에게 강제로 마스크 씌우는 모습을 보면서, 고3 99.9%에게 백신 접종 시키는 걸 보면서 확실히 깨달았다. 학교 자체가 아이들에게 폭력이라는 것을.

오늘 학년 협의를 했다. '수능 전까지 아이들을 방치할 순 없다. 아이들을 위해 학교가 무엇을 해줄 것인가?'가 주제였다. 겉으로 드러난 명분은 그럴싸하지만 본질은 쇼일 뿐이다. 학교가 아이들을 위해 뭔가를 하고 있다는 쇼. 맨날 애들 자습만 시키고 대체 학교가 하는 게 뭐냐! 라고 민원이라도 들어오면 또 골치 아프기 때문이다. 하여 관리자는 학년 부장에게 뭐라도 좀 하라고 했을 테고 승진을 염두에 두고 있는 학년 부장은 또 뭔가를 만들어 내었다. 방과 후 면접지도하기, 전공별 면접반 운영하기, 수능 대비 문제 풀이반 등등. 학년 부장은 쇼 설계도를 담임들에게 나눠주고 '어때요?'라고 의견을 물었다. 꼴에 협의라고 담임들은 또 이런저런 의견을 낸다. 방과 후엔 몇 명의 교사가 남는 게 좋을까요, 전공별로 어떻게 묶어야 하죠, 사탐 영역 문제 풀이반 교사 섭외를 어떻게 하죠 등등. 하지만 어느 누구도 본질을 건드리지 못한다. '대체 이따위 쇼질을 왜 해야 하는 거죠? 학교가 입시 준비 학원입니까?'라고, '제발 아이들을 위한다는 개소리 좀 집어치워요! 아이들을 위한다는 사람들이 임상 시험도 안 끝난 백신을 아무런 부작용 설명도 없이 99.9% 학생들에게 맞힙니까?'라고, '제발 쇼 좀 그만해! 결국 니네 맘 편하려고 그러는 거잖아!! 진짜 애들을 위한다면 이런 시답잖은 짓거리 그만 두고 지금 당장 운동장에서 헉헉대고 있는 저 아이들 마스크부터 벗기라구!!!'라고 말하지 못한다.

진정 아이들을 위한다면 학교는 아무것도 하지 말아야 한다.

마스크 올려 쓰라고,
부작용 고시도 않은 채 백신 맞으라고,
매일 아침 점심 저녁 교내 코로나 세뇌방송을,
급식 때마다 손 소독제 쓰라고, 위생장갑 끼라고,

대화하기 위해 아이들이 서로 가까이 가면 떨어지라고,
확진자 한 명만 나와도 전교생이 코로나 검사하는 짓거리를,
머리가 아파도 목이 아파도 소화가 안 되어도 여드름이 나도
무조건 PCR 검사 받으라고

하지 말아야 한다.

아무것도 하지 말아야 한다.

그것이 조금이나마 아이들을 위한 일이다.

확진자 지뢰를 잘 피해 가는 중인지 학교는 평화롭다. 사실 확진자만 안 나오면 학교는 코로나 전과 크게 다를 게 없다. 물론 종일 마스크를 씌우고 아이들을 더욱 통제하지만 그건 전에도 똑같았다. 창의성이니 다양성이니 자기 주도성이니 모두 말만 그럴듯할 뿐. 학교는 본질적으로 폭력적이고 획일적인 곳이다. 조직이기 때문이다.

며칠 전 존 테일러 개토가 쓴 <바보 만들기>를 읽었다. 한마디로 학교를 까는 내용인데 너무 공감이 되어 하루 만에 다 읽었다. 특히 공감이 된 부분은 '조직과 공동체'를 비교한 부분이었다. 어떤 특정한 목적을 달성하기 위해 인위적으로 만들어진 집단을 조직이라고 하고, 살면서 자연스럽게 만들어진 집단을 공동체라고 한다. 조직은 개인에게 관심이 없다. 조직의 목적 달성에만 관심이 있다. 그래서 개인을 도구로 여긴다. 살아있는 인간을 목적에 꼭 맞는 도구로 만들기 위해 자르고 편집하고 틀에 끼워 맞춘다. 나그네를 자기 침대에 꼭 맞게 자르고 늘리던 프로

크루테스처럼.

반면 공동체는 목적 달성을 위해 인위적으로 모인 집단이 아니다. 그냥 자연스럽게 형성된 집단이다. 가족, 친지, 마을. 모두 자연스럽게 이뤄진 집단이다. 그 속에서 개인은 자연스럽게 살아간다. 자연스럽다는 것은 타고난 본성을 그대로 드러내며 산다는 것이다. 인위적 규제나 획일적 통제 없이 타고난 본성을 유지하며 서로 조화를 이루며 살아간다. 그것이 공동체다.

학교는 공동체인가? 아니다. 학교는 철저한 조직이다. 그렇다면 학교의 목적은 무엇인가? 명령에 복종하고 통제에 순응하는 말 잘 듣는 국민을 만들어 내기 위해 학교는 세워졌다. 정해진 시간과 공간에서 종소리에 반응하며 늘 누군가의 지시에 의해 자신의 몸과 마음을 통제 당하는 곳. 타고난 본성과 천재성이 억눌리고 거세당하는 곳. 국가의 사상에 복종하는 충실한 국민을 만들기 위해 12년 동안 길들어지는 곳. 그곳이 바로 학교다.

아마 코로나 전에 읽었다면 절반만 공감했을지도 모른다. 에이 근대학교가 처음 세워졌을 때야 그랬을지 몰라도 지금 시대가 어느 땐데... 창의성과 다양성을 존중하는 21세기에 학교도 얼마나 혁신하고 있는데... 학생의 인권과 다양성을 존중하기 위해 학교가 얼마나 노력하는데... 라며 절반은 부정했을지도 모른다. 코로나 전에 읽었다면 말이다.

언제부턴가 창의적 인재니 지식의 융합이니 듣기 좋은 말을 덕지덕지 갖다 붙이며 달라진 척하기에 깜박 속을 뻔했다. 맞벌이 가정을 위해 저녁 늦게까지 아이들을 돌봐주는 척하기에 잠깐 고마움을 느낄 뻔도 했다. 아이들을 성적으로 한 줄로 세우지 않기 위해 학생부종합전형을 늘린다고 하기에 학교가 정말 변하는가보다 싶기도 했다. 코로나 전까지는 말이다.

학교는 여전하다. 학교의 목적을 100% 아니 1000% 달성하고 있다. 그럴듯한 말로 자신의 목적을 감추며 마치 흡혈귀처럼 아이들의 개성과 천재성을 쪽쪽 빨아먹고 있다. 그리곤 생기가 사라진 식물인간만을 줄기차게 사회에 내놓고 있다.

에이, 오바하지 말라고? 그래도 그 정도는 아니라고? 지금 가장 가까운 학교에 한번 가보길 바란다. 초등학교, 중학교, 고등학교 상관없다. 아이들 얼굴을 보라. 단 한 명도 빠짐없이 모두 마스크를 쓰고 있다. 미세먼지 없는 청명한 가을날 코까지 뒤덮어 쓰고 있다. 초등, 중등, 고등 모든 아이들이 쓰고 있다. 전국 모든 아이들이 쓰고 있다. 그것도 2년째 매일 쓰고 있다. 자기가 내뱉은 똥오줌 같은 이산화탄소를 매일 들이마시고 있다. 왜? 학교에서 시키니까. 선생님이 쓰라고 하니까.

학교는 여전하다.

정부에서 백신 패스를 검토 중이라는 기사가 떴다. 한마디로 접종한 사람만 다중이용시설 등을 이용할 수 있고 미접종자는 이용 못 하게 하는 정책. 불과 한 달 전만 하더라도 백신 접종은 자율 선택이라더니 슬쩍 말을 바꾼다. 미접종자 차별은 없을 거라더니 말이다.

음모론이 더 이상 음모가 아닌 것을 여실히 깨달으니 하루하루 멘탈 관리가 힘들다. 한 단계 한 단계 세상은 정해진 수순에 따라 디스토피아로 가고 있는데 아직 대다수의 국민들은 잠들어 있다. 같은 학교 교사들은 아직도 코로나를 철석같이 믿고 있다. 이제 백신 접종을 12-17세에게 한다는데 아무런 저항이 없다. 심지어 자기 자식에게도 맞히겠다는 교사들이 태반이다. 왜 맞히려 하냐고 물어보니 혹시 몰라서란다. 혹시 코로나 걸려서 중증으로 갈 수도 있단다. 부작용 걱정 안 되냐니까 자기 가족 백신 다 맞았는데 괜찮아서 애들도 괜찮지 않겠냐고 한다. 백신 부작용 사망자만 벌써 천명에 이르렀는데 아무 생각이 없다. 정작 아이들 중 코로나 사망자는 단 한 명도 없는데 그래도 혹시나 하는 마음에 두려워한다. 세뇌가 이렇게 무섭다.

솔직히 말하면 아직도 '설마...'하는 마음이다. '에이 그래도 설마...'하는 마음이 더 크다. 다가올 디스토피아에 대한 두려움과 내가 몸담고 있던 세계에 대한 미련 때문일 것이다. 설마 백신 안 맞으면 마트도 못 갈까? 설마 미접종이면 음식점도 못 가겠어? 설마 미접종이라고 직장에서 내쫓겠어? 에이 설마... 그런데 내가 그러든 말든 세상은 음모론으로 자꾸만 다가가고 있다. 백신패스라니... 백신 접종을 해야만 모든 사회생활이 가능한 세상이라니... 1년 전만 해도 상상이나 했을까?

적어도 내 의지로 백신을 맞는 일은 없을 것이다. 코로나와 백신의 진실을 알게 된 사람이라면 누구라도 그러지 않을까? 하지만 미접종자에 대한 압박이 점점 심해져서 정말 일상생활이 불가능할 정도가 되면 그땐 어떻게 해야 할까? 산으로 들어가야 하나? 아무리 상상을 해도 엄두가 안 난다. 나 같은 도시 남자가 갑자기 산속에서 살아가는 게 과연 가능할까? 집도 지어야 하고 밭도 일궈야 하고 닭도 키워야 하는데? 여름엔 에어컨 켜고 겨울엔 보일러 틀며 당장 먹을 수 있게 손질된 식재료를 마트에서 사 먹던 내가? 그야말로 생존을 위한 삶을 산속에서 살 수 있을까?

산속 생활은 아마도 최후의 최후일 것이다. 정말 공권력이 문 따고 들어와서 양쪽에서 겁박하고 강제로 주사기를 꽂지 않는 한 산속으로 가진 않을 것이다. 그럼 어느 선까지 견딜 수 있을까. 다중이용시설? 안 가면 그만이다. 음식점? 조금 아쉽긴 하지만 뭐 집에서 요리해 먹고 오히려 더 건강하게 살 수 있다고 긍정적으로 받아들이며 버틸 수 있을 것 같다. 마트? 음, 점점 숨막히긴 하는데 요즘은 워낙 택배가 발달해 있으니 미리미리 주문하면 괜찮을 거 같다. 대중교통? 어지간한 곳은 걸어 다니면 되고, 자가용이 있으니 꼭 필요한 곳은 차 끌고 가면 된다. 여기까진 그래도 버틸 수 있다.

문제는 직장이다. 미접종자들은 일할 수 없다고 한다면? 여기부터 버티기 힘들 거 같다. 지금 사회는 자본주의 체제다. 돈이 있으면 뭐든지 할 수 있고 돈이 없으면 살아갈 수도 없다. 당장 먹고 사는 것부터 막막해진다. 돈이 있어야 식재료를 살 것 아닌가. 나는 돈을 만들어 낼 수 있는 자본이 없다. 가진 거라곤 노동력뿐이다. 그래서 먹고살려면 직장에 다니며 내 시간과 노동력을 돈으로 바꿔야 한다. 그런데 돈 나오는 구멍을 막아버리면?

아마도 다른 일을 찾겠지. 미접종으로 할 수 있는 일을 구할 것이다. 삶은 꽤 힘들어지겠지. 매달 따박따박 나오는 월급으로 안정적으로 살던 삶과는 안녕을 고할 것이다. 넉넉지 않은, 비정기적인 수입. 물질이 부족하면 마음은 피폐해진다. 부부생활도 가정 분위기도 점점 험해지겠지. 그러다 미접종자가 할 수 있는 일들이 점점 줄어든다면... 그래서 더 이상 이 사회 시스템에서 살아가기 힘들다면... 그땐 정말 산으로 가야 할까?

음모론에선 결국 강제 접종으로 갈 거라고 말한다. 77억의 인구가 5억이 될 때까지 계속 백신을 맞춘단다. 그리고 나중엔 몸

에 칩을 박아서 소수의 권력자가 전 세계 사람들을 통제하는 빅
브라더(조지 오웰의 소설 '1984'에 등장하는 용어로서 독재 권력
을 상징함) 사회가 된단다. 정말 처음 들었을 땐 개소리라고 생
각했다. 저런 말을 하는 사람이 이상하게 보였다. 그런데 이제
는……

　'가축처럼 강제 접종 당할 수도 있겠구나'라는 생각이 드니
자꾸만 음모론에 눈길이 간다. 귀가 솔깃하다. 코로나 전만 해도
'에이 말도 안 돼!'였는데 코로나 이후론 '아...정말인가.'로 바뀌
어 간다. 자기 신체 결정권까지 박탈당할 위기에 놓인 지금, 더
이상 '말도 안 돼!'라고 말 못 하겠다. 바로 지금 여기서, 말도
안 되는 상황이 벌어지려 하니 말이다.

어제부터 12-17세 코로나 백신 접종이 시작되었다. 내가 1, 2학년은 들어가지 않아서 자세한 상황은 모르지만 다른 교사들 말을 들어보면 접종을 하기 위해 학교에 안 나오는 학생들이 있는 것 같다.

그런데 자세히 보면 고3 접종 때랑 달라진 점들이 보인다. 두 가지다. 일단 단체접종이 아니다. 고3 때는 한날한시에 우르르 전부 접종했다. 마치 가축들 접종하는 것처럼. 지금은 학생들이 개별적으로 접종한다. 자신이 시간과 장소를 정해서 접종한다. 둘째, 접종 안내 가정통신문에 부작용이 좀 더 많이 언급되었다. 고3 때는 혹시 이상이 있으면 어디로 신고하라는 안내뿐, 구체적으로 어떤 부작용이 있는지는 설명하지 않았다. 지금 가정통신문엔 형식적이나마 부작용들이 나열되어 있다. 심근염, 심낭염 같은 중한 부작용부터 두통, 복통, 발열, 설사 같은 경한 부작용까지.

학생들이 동조의 압박을 덜 받으며 조금이나마 신중하게 선택할 수 있는 여지가 생긴 것이다. 물론 아직도 완전한 자율 선택과는 거리가 멀지만 그래도 조금 나아졌다. 조금 달라졌다. 왜 달라졌을까? 고3보다 12-17세 아이들이 더 소중해서? 더 어리니까? 아니다. 누군가 계속 소리치고 행동했기 때문이다.

학인연(학생 학부모 인권보호 연대)이라는 단체가 있다. 고3 접종 때 접종 중단 가처분을 법원에 신청했다. 법원에서 알 수 없는 이유로 차일피일 미뤄서 결국 고3 애들이 주사를 다 맞았다. 이 단체는 멈추지 않고 계속 소리쳤다. 백신접종을 당장 중단하라고. 블로그, 네이버카페, 유튜브(부모마음 TV) 등 모든 온라인 매체를 동원해서 백신 부작용 피해 상황을 알렸고 매주 강남 길거리 한복판에 나와서 사람들에게 전단지를 나눠주고 확성기를 들었다. 살인 백신 즉각 중단하라고. 전국 초중교 학교에 백신 부작용 피해 상황을 알리는 팩스, 공문을 보냈다. 대선 주자까지 만나서 부탁했다. 제발 접종을 중단시켜달라고.

아주 극소수지만 이런 사람들이 있다. 백신의 위험성과 코로나 진실을 알리기 위해 직접 발로 뛰어다니며 목놓아 소리치는 사람들. 손과 발과 몸으로 행동하는 사람들.

우리나라 전체 인구 약 5000만. 그중 코로나 진실과 백신의 위험성에 대해 알고 있는 사람이 몇 명일까? 한 5만 명 되려나? 그중 잠들어 있는 대중을 깨우기 위해 뉴스 기사에 댓글이라도 하나 다는 사람이 몇이나 될까? 한 5천 명 되려나? 그중 학인연 단체처럼 직접 행동하는 사람이 몇이나 될까? 몇백 명 될까? 많이 잡아서 5백 명이라고 하자. 5천만 명 중 5백 명. 0.001% 사람들. 이 사람들이 지금 잠들어 있는 99.999% 대중을 위해 행동하고 있다.

최근 책 하나를 읽었다. <99%의 사람들이 모르는 이 세계의 비밀>이다. 그렇다. 음모론 관련 서적이다. 코로나 전에 읽었다면 '에이, 뭔 소리야'라며 던져버렸겠지만, 지금은 그럴 수가 없다. 책 내용은 사실 특별한 것이 없다. 극소수의 권력자가 이 세계를 지배한다는 것. 대부분의 사람들은 그들이 만들어 놓은 매트릭스 안에서 세뇌당한 채로 산다는 것. 영화 매트릭스 속 가상 세계처럼 말이다.

그럼 매트릭스를 벗어나 그들이 지배하는 세계를 바꾸기 위해선 어떻게 해야 하는가? 저자는 마지막 부분에 말한다. 행동하라고. 당신이 행동하면 이 세상은 바뀔 거라고. 마치 학인연 단체처럼.

지행합일. 참지식은 반드시 실행이 따라야 한다는 말. 예로부터 지겹도록 전해져 내려오는 말.

행동하지 않으면 바뀌는 건 아무것도 없다.

진리를 탐구하는 입장에서 보면 코로나는 고마운 존재다. 긴가민가하던 부분들을 확실하게 깨우쳐줬으니까. 코로나 덕분에 많은 깨달음을 얻었다. 그러니까 코로나는 '빨간 약'이다. (영화 '매트릭스'의 빨간약.)

<깨달음1. 사람들은 먹고 자고 쓰느라 바쁘다.>

코로나는 조금만 생각해 보면 구멍이 너무나 많다. 대강이라도 한번 따져보자.

만약 마스크가 효과가 있다면 왜 2m 거리두기를 할까? -> 만약 2m가 효과가 있다면 왜 마스크를 할까? -> 만약 둘 다 효과가 있다면 왜 봉쇄 조치를 할까? -> 만약 세 가지 다 효과가 있다면 왜 1년 만에 백신을 개발했을까? -> 만약 백신이 안전하다면 왜 '면책조항'을 넣었을까? -> 지금 바이러스로 죽는 사람보다 백신으로 죽는 사람이 더 많은데 왜 백신을 강조할까? -> 백신이 효과가 있다면 접종률이 높아질수록 확진자는 왜 늘어날까? -> 백신을 맞은 후에도 왜 마스크를 또 써야 할까? -> 부스터샷까지 맞아도 코로나에 걸리고 옮기는데 왜 접종자들에게만 자꾸 특혜를 주고 비접종자를 차별하려고 할까?

이상하지 않은가? 위의 논리적 구멍은 일부일 뿐이다. 파면 팔수록 구멍은 더 커진다. 끝까지 파다 보면 마침내 구멍만 남게 된다. 즉, 실체가 없다는 말이다. 코로나는 실체가 없다. 처음부터 끝까지 모두 거짓이다. 마스크, 거리두기, PCR 테스트, 확진자, 무증상감염자, 코로나 예방접종, 집단 면역... 이 모든 것이 거짓이다. 사람들은 말한다. '전 세계가 사기를 치고 있다고?' 그렇다. 전 세계적 사기극이다. 그래서 개인이 받아들이기엔 너무나 거대한 사기다. 전 세계적 사기극을 이해하기 위해선 깨뜨려야 할 믿음이 한두 개가 아니다. 현대 의학에 대한 믿음, 정치인들이 국민을 위해 일한다는 믿음, 언론은 진실을 보도한다는 믿음, 의사는 백신에 대해 정확히 알고 있다는 믿음, 다수의 선택은 옳다는 믿음, WHO 같은 국제기구들은 중립적으로 운영된다는 믿음, 현대 사회는 민주적 절차에 의해 합리적이고 이성적으로 운영된다는 믿음 등등. 이러한 믿음의 벽돌은 한 사람의 생애에 걸쳐 머릿속에 차곡차곡 쌓인다. 이 벽돌로 지어진 집이 바로 한 사람의 세계관이다. 그럼 이 믿음의 벽돌이 다 깨지면 어떻게 될까? 그렇다. 세계관 붕괴다. 뭐야, 지금껏 내가 살고 있던 세계가 모두 거짓이었어? 말도 안 돼!!

하지만 붕괴가 일어남을 걱정할 필요는 없다. 대부분의 사람들은 거기까지 가지도 않으니까. 위에서 말했듯 코로나 사기를 깨닫기까지는 논리적 사고를 통해 자신이 쌓은 수많은 믿음을 깨부숴야 하는데 그것은 엄청난 에너지가 필요한 일이다. 지금까지의 믿음을 부정하는 수많은 낯선 정보들을 분석하고 판단하고 받아들여야 한다. 즉, 머릿속에 평생 쌓은 집을 헐고 새집을 다시 짓는 것이다. 세상을 바라보는 논리적 틀을 다시 짜 맞추고 새로운 세계관을 설계하는 것이다.

현대인은 먹고사느라 바쁘다. 아이는 아이대로 바쁘고 어른은 어른대로 바쁘다. 살아가기 위해, 일상을 유지하기 위해 처리해야 하는 과제가 매일 있다. 그 과제를 처리한 후에도 바쁘다. 생존을 위해 하루의 대부분을 허비함이 억울한 듯 이번엔 자신의 쾌락 주머니를 채우느라 바쁘다. 영화를 보고 드라마를 보고 게임을 하고 쇼핑을 한다. 결국 기껏 벌어놓은 논과 시간과 에너지를 다 소비한다. 그 소비하는 삶을 일상이라 부르며 그 일상을 유지하기 위해 다음날 다시 학교로 일터로 나선다.

그래서 사람들은 생각을 못 하기도 하고 안 하기도 한다. 먹고 사느라 바빠서 생각을 못 한다. 소비하느라 바빠서 생각을 안 한다. 아무 생각 없이 산다. 코로나 사태에 대해서도 아무 생각이 없다. 생각할 시간이 없고 에너지도 없으니 누군가 해 놓은 생각을 그대로 받아들인다. 정부와 뉴스가 하는 말을 그대로 머릿속에 입력한다. 그리고 누군가 코로나에 대해 의문점을 제시하면 정부와 뉴스의 말을 그대로 출력한다. 마치 자신의 생각인 양.

그래서 이 기괴한 상황이 2년째 지속되고 있다. 한여름 삼복더위에도 마스크를 쓰고 텅 빈 정류장에 혼자 있을 때도 마스크를 쓴다. 음식점에서 마스크를 내리고 한참을 먹고 떠들다가 다시 마스크를 쓰고 밖으로 나온다. 마스크를 쓰고 헬스를 하고 마스크를 쓰고 노래를 부른다. 5명만 모이라면 5명만 모이고 2명만 모이라면 2명만 모인다. 죽지 않기 위해 맞은 백신으로 더 많은 사람이 죽었는데 백신을 접종한다. 지인들의 부작용 사례를 듣고 자신이 직접 부작용을 경험하고도 2차를 예약한다. 다른 나라의 사례를 통해 이미 백신이 효과가 없고 집단면역도 허구임이 드러났는데 정부와 뉴스가 백신만이 답이라고 말하니 부스터 샷을 고민한다. '백신 맞고 빨리 일상 회복해야지'라며 자신의 생각인 양 중얼거린다.

지금의 사회 시스템은 태초부터 존재하는 절대적인 것이 아니다. 역사적 의식과 무의식의 상호작용으로 소수의 지배계층이 만들어지면, 그 후엔 항상 지배계층이 자기들에게 유리하도록 사회 시스템을 은밀히 수정한다. 처음엔 힘센 자가, 그다음엔 왕과 귀족이, 그 후엔 돈 많은 자가 수정했다.

'그들'은 사회 시스템이 누군가에게 유리하도록 조정된 기울어진 운동장임을 대중이 알지 못하게 했다. 하루하루 먹고사는 게 바빠서 시스템이고 나발이고 신경 쓸 수 없게 했다. 현대 사회 오기 전까지 대중은 늘 생존에 급급하여 생각 따위 할 시간 없이 그렇게 하루하루 살아왔다.

그러다가 현대로 오면서 기술의 발달과 더불어 조금씩 여유시간이 생겨났다. '그들'은 대중이 남는 시간을 소비할 수 있도록 수많은 오락거리를 만들어 냈다. 영화, 드라마, 스포츠, 게임, 쇼핑, 섹스산업 등등... 대중은 생존 외에 남는 시간과 에너지를 잠깐의 쾌락을 위해 또다시 쓰기 시작했다. 쓰고 쓰고 또 쓰는 삶. 끝없이 소비하는 삶. 현대인은 바쁘다.

바빠서 생각할 시간이 없다.
눈 뜨고 코 베이는 중인데도 알지 못한다.
대부분의 사람이 그렇다.

<깨달음2. 학교는 그중 죄악이나.>

우리가 학교에 다니는 이유가 뭘까?

대부분 생각해 본 적이 없을 것이다. 먹고 자고 쓰느라 시간이 없는데 이런 생각할 시간이 있겠는가. 그저 때가 되면 다들 가니까 나도 가는 경우가 대부분일 것이다.

그래도 굳이 이유를 찾자면 '살기 위한 지식'을 습득하기 위함이 아닐까. 예로부터 인간은 성인이 될 때까지 생존에 필요한 것들을 배우고 익혀 왔다. 사냥하는 법, 맛있는 과일 따는 법, 집 짓는 법, 옷 만드는 법 등을 아버지는 아들에게 엄마는 딸에게 전했고 아이들은 성인이 될 때까지 열심히 배우고 익혔다. 이러한 지식은 세대를 거치며 자연스럽게 전수되었는데 어느 순간 교육기관이 생기면서 점차 체계적으로 바뀌어 갔고, 급기야 근대로 오면서 표준화되었다. 삶에 필요한 지식을 표준화하여 전 국민에게 의무적으로 실시하는 곳. 그곳이 바로 학교다.

물론 교육과 학교를 너무나 거칠게 요약한 거 다 안다. 현대 사회의 학교는 이 외에도 다양한 목적과 기능이 있을 것이다. 하지만 그것들은 일단 제외하자. 지금 관심은 오직 이것이다. 인류의 시작부터 행해져 온 '살기 위한 지식'의 전수. 학교가 교육기관이라면 태초부터 시행된 가장 원초적인 교육 목적부터 달성해야 할 것이다. 과연 학교는 아이들에게 '살기 위한 지식'을 전달하고 있을까?

지금 우리를 지배하고 있는 것은 코로나19다. 2년째 지배당하고 있고 언제 끝날지도 모른다. 버스를 타도 식당을 가도 뉴스를 봐도 핸드폰을 봐도 코로나는 우리 곁에 있다. 코로나가 바꿔버린 삶의 모습은 앞으로도 계속 유지될 가능성이 크다.

지금 아이들에게 가장 중요한 정보가 뭘까? 우리 삶을 지배하고 있는 것이 '코로나'라면 '코로나'와 관련된 정확한 정보가 아닐까? 코로나바이러스, 코로나검사(PCR 검사)의 원리, 코로나의 실제 위험성, 코로나 백신의 원리, 코로나 백신의 실제 효과, 코로나 백신 부작용 등등.

과연 학교에서 이런 정보를 제공하였는가? 단 1도 제공하지 않았다. 지난 2년 동안 학교는 명령만 했다. '마스크 써! 2m씩 떨어져!' 지시만 했다. '친구랑 붙어 있지 마! 밥 먹을 땐 닥치고 밥만 먹어!' 관리와 통제만 했다. '백신 접종은 0월 0일 0시 00 장소야. 시간 맞춰 꼭 나와!', '선생님 이거 꼭 맞아야 해요?', '몰라 선택은 니가 해! 근데 나중에 불이익 있을 수도 있어!'

방역 수칙은 국가정책이니 어쩔 수 없이 따른다고 치자. 백신은 아이들 몸에 직접 약물을 주입하는 것이다. 부작용 목록에 '사망'이 있고 실제로 사망자도 몇백 명이 나왔다. (고3 애들 접종 당시 기준. 지금은 사망자가 1100명을 넘음.) 백신이 어떤 원리로 만들어졌고 어떤 부작용이 있으며 어떤 효용이 있는지에 대한 정보를 학생에게 충분히 전달해야 하는 것 아닌가? 학생들이 선택할 수 있도록 최소한의 정보는 제공되어야 하는 거 아닌가?

충분히는커녕 최소한은커녕 단 1의 정보도 학생들에게 제공되지 않았다. '동의해! 안 해?'라는 압박만 가득한 가정통신문에 아이들은 혹시 노낼 피해를 누려워하며 동의에 동그라미를 했나. 그리고 마치 가축처럼 정해진 때에 정해진 장소에서 우르르 접종 당했다.

백신 부작용 사망자가 1100명을 넘어가는 지금도 학교는 여전하다. 학교가 요즘 하는 짓거리? 면접반, 자습반, 수능 대비반 개설. 그것도 모자라서 다시 모의고사반을 개설했다. 학교 예산을 써 가며 사설 모의고사를 부득부득 사서, 또 꾸역꾸역 모의고사를 치렀다. 한 달에 한 번 공식적으로 치르는 모의고사도 모자라 사설 모의고사를 또 샀다. 부작용 사망자가 몇 명이든 백신패스가 도입되든 말든 학교는 관심이 없다. 단 1도 없다.

학교를 다닐 이유가 있을까?

21년 10월 26일
백신패스라니... 백신패스라니!!!

　11월 1일부터 백신패스가 시행된다고 한다. 미접종자는 유흥업소, 노래방, 헬스장에 못 간다. 또한 미접종자는 영화관에서 팝콘을 못 먹고 야구장에서 치킨을 못 먹는다. 또한 식당, 카페에 4명까지만 입장이 가능하다. 일단 시작은 이렇다.

　기사 말미에 이런 문구가 있긴 했다. '한시적으로 운영될 예정이다.' 이 말을 믿는 사람이 있을까? 2주만, 2주만, 2주만... 코로나 초기, 정부는 중대한 기로에 서 있다며 늘 2주만 방역에 동참해달라고 말했다. 사람들은 순순히 따랐고 그렇게 보낸 기간이 벌써 2년이다. 백신 패스도 아마 그렇지 않을까? 한시적으로, 잠시만 운영된다고 말은 하지만 상황이 어떻게 될지는 아무도 모른다. 마스크, 큐알코드 등 잠깐이면 끝날 줄 알았던 것들이 이제 일상이 되었다. 백신패스라고 그러지 않을 법 있을까? 물론 내 예상이 틀리길 간절히 바란다.

　엄연한 차별이다. 주사를 안 맞았다는 이유만으로 기본권을 침해당한다. 접종자들이 누리는 권리를 비접종자들은 누리지 못한다. 몰래, 교묘히 하는 게 아니라 그냥 대놓고 차별을 하겠다는 것이다. 차별받기 싫어? 그럼 주사 맞던가! 무대뽀 건달 식의 논리. 정말 너무나 어이가 없어서 말이 안 나온다.

주변 사람들은 여전히 별생각 없어 보인다. 정부가 대놓고 위헌적 정책을 실시하고 기본권을 유린하겠다는데 아무 반응도 없다. 오히려 위드코로나를 반기는 듯한 느낌이다. 여전히 백신 부작용은 자신과 상관없는 일이고 정부가 선심 쓰듯 허락한 조건부 자유를 기다리고 있다. 원래부터 자신이 누리던 자유였는데, 권리였는데.

백신패스라니. 대체 말이 되는가? 코로나 백신이라고 나온 저 약물은 임상 시험도 아직 안 끝났나. 나온 지 1년밖에 안 되있으니 당연하다. 임상도 안 끝난 약물이니 부작용이 어떻게 얼마나 언제까지 생길지 알 수 없다. 다른 거 다 떠나서 주사 부작용 사망자만 벌써 1200명에 다다르고 있다. 같은 기간 코로나 사망자보다 더 많다. 더 이상 말이 필요한가?

백신은 하나의 상품일 뿐이다. 제약회사에서 만든 상품. 그 상품을 소비하든 안 하든 그건 소비자의 맘이다. 그런데 정부가 나서서 그 상품을 사는 사람에겐 이익을 주고 사지 않는 사람들에겐 불이익을 준다고 한다. 나는 구매할 생각도 없는데 세금으로 잔뜩 사 와서는 공짜니까 무조건 맞으라고 한다.

물론 명분은 있다. 공공의 안전이라는 명분. 그런데 집단면역이 허구임이 이미 밝혀졌고 접종이 감염, 전염을 막지 못한다는 사실도 다 밝혀졌는데 정부는 모르쇠로 일관하며 무대뽀로 밀어

붙이고 있다. 왜 이렇게까지 주사를 맞히려고 하는 걸까?

백신패스라니. 일단은 버티자. 무조건 버티자. 아무리 백신패스가 확대되어도 설마 직장까지 자를까? 직장만 안 잘리면 일단 버틸 수 있다. 돈만 있으면 어떻게든 살긴 하겠지.

이 미친 시절의 하루를 또 기록으로 남긴다.

백신패스와 위드 코로나

정부에서 11월부터 '위드코로나'로 간다고 했다. 11월도 벌써 일주일이 지났다. 뭐가 바뀌었는지 잘 모르겠다. 티브이에선 여전히 매일 확진자 숫자를 일기 예보하듯 발표하고 사람들은 여전히 길거리에서도 마스크를 코까지 올려 쓰고 다닌다. 바뀐 게 있다면 식당, 카페에 사람들이 좀 더 많이 들어갈 수 있다는 것뿐.

'위드 코로나'. 한마디로 코로나와 함께 산다는 것. 이미 몇백 년, 몇천 년, 몇만 년 전부터 우리는 코로나 바이러스와 함께 살고 있었다. 감기에 걸렸다 낫는 일상을 반복하며 계속 함께 살았다. 사실 우리 몸 자체가 이미 수많은 세균과 바이러스의 집합체다. 그런데 이제 와서, 정말 갑자기 뜬금없이, 수많은 바이러스 중에 하나를 고른 후 '위드 코로나'라고 이름 붙였다.

코로나 사태에 대한 어이없음을 들추자면 한도 끝도 없으니 일단 멈추자. (처음부터 끝까지 모든 게 거짓이니까.) 위드코로나? 그래 좋다. 어찌 됐건 코로나와 함께 살기로 했으면 지금부터라도 예전처럼 살아야 하는 것 아닌가. 11월부터 위드 코로나라고 했으면 11월부터 예전처럼 살아야 할 것 아닌가. 이 미친 사기극이 오기 전, 그러니까 2019년까지 우리가 언제 감기 하나 막겠다고 전 국민이 마스크를 썼던가? 큐알 코드를 찍어가며 일일이 자신의 동선을 남겼던가? 실내에 들어갈 때마다 체온 측정을 하고 손소독제를 사용했던가? 임상실험도 안 끝난 감기 예방 주사를 온 국민에게 맞히려고 했던가? 감기에 걸릴까 봐 벌벌 떨며 정기적으로 감기바이러스 검사를 받았던가? 한 명이라도 감기바이러스를 가지고 있다고 검사 결과가 나오면 그 사람이 속한 조직의 모든 구성원이 줄줄이 검사를 받으러 간 적이 있냐 이 말이다.

코로나 사태에 대한 미친 짓을 들추자면 한도 끝도 없으니 또 멈추자. 2년간의 미친 짓에 대한 심판은 역사에 맡긴다 치더라도 이제는 그만해야 할 거 아닌가. '위드 코로나'라면서? 이름을 그렇게 붙였으면 정책도 그렇게 가야지. 이제라도 속죄하는 마음으로 다시 국민들에게 일상을 돌려줘야지.

안타깝게도 '그들'은 전혀 그럴 생각이 없어 보인다. 오히려 더 국민들을 압박하고 있다. 바로, '백신패스'다.

백신 맞은 사람은 영화관에서 팝콘을 처먹을 수 있다, 접종자는 야구장에서 치킨을 처먹을 수 있다, 접종자는 밀접접촉자가 되어도 PCR 테스트, 자가격리 면제다. 반면 미접종자는 팝콘, 치킨을 못 처먹는다. 노래방, 헬스장, 유흥업소는 입장 불가다. 만약 입장을 원한다면 PCR 테스트 음성확인증을 보여줘야 한다.

백신패스는 노골적으로 미접종자를 차별하는 정책이다. 헌법에 보장된 기본권을 제한하는 정책이다. 반인권적, 위헌적 정책을 정부가 앞장서서 펼치고 있다. 당장 거리로 뛰쳐나와 시위를 해도 모자랄 판에, 사람들은 여전히 백신몽에서 깨어나지 못하고 있다. '나와 타인을 위해'라는 말 같지도 않은 감성 논리로 자신의 접종을 합리화하며 부스터샷도 슬슬 대주려 하고 있다.

한 발, 두 발, 아니 백 발 양보해서 공익을 위해 한시적으로 백신패스를 시행할 수 있다고 치자. 일단 전제되어야 하는 것이 있다. *1. 백신이 감염, 전염을 확실히 막는다는 명확한 근거. 2. 백신 부작용 확률이 거의 제로이고 혹시나 생겨도 아주 경미한 수준이라는 방대한 데이터.* 최소한 이 두 가시가 신세되어야 그나마 제안이라도 해 볼 수 있을 것이다. 그런데 지금 백신은? 두 가지 모두 꽝이다. 감염, 전염을 막기는커녕 도리어 접종 후 코로나 확진자가 늘어났다. 대규모 접종 후 확진자와 사망자 수치가 쭉쭉 치솟는 다른 나라 사례는 너무나 흔하다. 부작용은 또 어떤가? 다 필요 없고 백신 사망자가 코로나 사망자보다 더 많이 나오고 있다. 바이러스를 예방하기 위해 주입한 약물이 바이러스보다 더 치명적인 것이다. 공식적으로 보고된 백신 사망자만 벌써 1200명이다. 보고되지 않은 사망자, 중증 부작용은 대체 얼마나 많을까.

아무 효과도 없는, 재수 없으면 죽을 수도 있는, 임상실험 중인 독극물을 국민에게 맞히기 위해 그야말로 정부와 모든 언론이 사력을 다하는 느낌이다. 대체 왜? 무엇 때문에 이렇게까지

하는 걸까?

그리고 국민들은 대체 왜? 왜 이렇게까지 깨어나지 못하는 걸까? 아무리 세뇌를 당해도 그렇지, 벌써 2년이다. 요즘 같아선 군대에 한 번 다녀와도 몇 개월이 남는 시간이다. 그 긴 시간을 직접 경험했으면 이제 깨어날 때도 된 거 아닌가. 입에 기저귀 한 장 차고 할 거 다 했으면서, 밥 먹고 차 마시고 쇼핑몰 가고 대중교통 이용하고 할 거 다 했으면서, 대체 뭐가 아직도 두려운 걸까, 왜 이렇게까지 깨어나지 못하는 걸까.

아마도 백신패스는 점점 확장될 것이다. 마스크, 큐알코드처럼 조금씩 우리 일상을 파고들며 또 다른 일상이 될 것이다. 그와 비례하여 사람들의 접종 횟수도 늘어날 것이다. 2차까지 맞은 사람들도 6개월이 지나면 3차, 4차 계속 맞아야 할 것이다. 과연 몇 차까지 맞아야 사람들이 깨어날까. 아니 그전에,

살아 있기는 할까.

넌 나에게 확신을 주었어. 고맙다, 코로나.

코로나야 고맙다!

세상 모든 일은 빛과 그림자가 있는 법. 좋기만 한 일도 없고 나쁘기만 한 일도 없다. 코로나 사태 역시 마산가시나. 세성신으로 살기 힘든 시절이지만, 코로나 덕분에 처절히 깨달은 것이 다. 확실한 깨달음! 진리를 추구하는 자에게 이보다 더 기쁜 일이 있겠는가. 흔들리지 않는 편안함이 아니라, 흔들리지 않는 확신을 얻었다. 바로 **'tv와 학교는 사람을 바보로 만든다'**는 것이다. 먼저 tv를 살펴보자.

'바보상자'. 예전부터 들었던 말이지만 사실 공감은 안 되었다. 물론 예능프로만 하루 종일 방영한다면 바보상자로 볼 수도 있겠지만, 티브이는 다양한 프로그램을 방영하지 않는가. 각종 시사, 교양, 다큐멘터리 등 유익하고 교육적인 정보도 많이 제공하는데 대체 왜 바보상자라고 하는 거지? 잘만 활용하면 훌륭한 교육매체라고도 볼 수 있을 거 같은데 왜 바보상자라 하는지 이해가 안 되었다.

코로나 덕분에 깨달았다. 아, 이래서 바보상자라고 하는 거였구나! 티브이가 내보내는 정보는 자연 그대로의 정보가 아니다. 누군가 의도적으로 편집하고 조작한 정보다. 누군가의 입맛에 맞게 추려내고 재가공한 정보다. 다양한 정보를 제공하는 척하지만 모든 정보는 누군가의 '의도와 입맛'을 결코 벗어나지 않는다. 요란하게 치장한 겉모습을 지워내면 남는 알맹이는 모두 같은 모습이다. 획일적 메시지만 남는다. 코로나를 살펴보자.

2년 동안 지상파방송 9시 뉴스 첫 소식이 무엇이었을까? 코로나 관련 소식이다. 오늘은 확진자가 몇 명이라는 둥, 집단감염이 발생했다는 둥, 앞으로 2주가 고비라는 둥. 지상파 3사는 매일 9시 뉴스 첫 소식을 코로나로 열었다. 지상파 9시 뉴스 첫 소식은 그 자체로 엄청난 상징성이 있다. 현시점에서 우리 사회에 가장 시급하고 중요한 문제라는 의미를 지닌다.

무려 2년이다! 2년 동안 뉴스 첫 소식을 코로나로 시작했다. 전하려는 메시지는 하나다. '코로나는 위험하다'. 사람들은 생각한다. '우와 2년 동안 이렇게 계속 뉴스 타이틀을 장식하니 코로나는 정말 위험한 바이러스구나.' 나머지 티브이 프로그램들은 이 메시지를 더욱 강화한다. 시사 토론 프로에 의사들이 나와서 코로나의 위험성에 대해 논한다. (코로나가 흔한 감기일 뿐이라는 의견을 지닌 의사는 결코 출연하지 않는다.) 마스크가 백신이라는 문구를 내세운 공익광고를 매시간 끼워 넣어 방송한다. (바이러스가 구슬 크기라면 마스크는 축구 골대라는 내용은 어디에도 없다.) 시민 참여형 프로그램의 인터뷰에 나온 시민들은 하나같이 '모두 힘을 합치면 코로나 이겨낼 수 있습니다' 같은 공허한 구호만 내뱉는다. ('독감보다도 사망자가 더 적은데 대체 왜이리 난리죠? 도무지 이해가 안 됩니다.'라고 말하는 시민의 인터뷰는 없다.) 티브이를 볼 때마다 사람들은 세뇌되었다. '코로나는 위험하구나!'

세뇌된 사람들은 코로나백신이 1년 만에 나오자 자발적으로 접종하기 시작했다. 통상 백신이 개발되는데 최소 10년이 걸린다는 말은 티브이에 나오지 않았다. 코로나백신은 인류 최초로 시도되는 mRNA 백신이라는 말도 나오지 않았다. 모든 코로나백신 임상실험 종료가 2023년이라는 말노 나오시 않았나. 티브이는 이제 메시지를 하나 더 추가했다. '일상으로 돌아가려면 백신을 맞아야 한다.'

접종이 시작되자 부작용이 속출하였고 사망자가 나왔다. 죽지 않기 위해 백신을 맞았는데, 백신을 맞아서 죽은 것이다. 사망자는 계속 나왔고 어느 날부턴가 백신 사망자가 코로나 사망자보다 더 많이 나왔다. 죽지 않기 위해 백신을 맞았는데, 백신을 맞아서 더 많이 죽은 것이다. 그래도 티브이는 계속 말했다. '집단면역을 위해 백신을 맞아야 한다!' 사람들은 계속 맞았고, 어느 순간 티브이에서 전문가들이 말하던 집단면역을 위한 전 국민 70% 접종을 넘어섰다. 그런데 확진자는 더 늘어났고, 접종자 가운데 감염과 전염이 비일비재했으며 백신 사망자는 꾸준히 나왔다. 백신 부작용 때문에 응급실 가는 사람들은 주변에서도 흔히 볼 수 있었는데 정작 코로나로 아프다는 사람은 2년째 주변에서 찾기가 힘들었다. 그런데도 티브이는 멈추지 않았다. '실보다 득이 크니 백신을 맞아야 한다! 부스터샷도 맞아야 한다!!' 사람들은 이제 아무 생각 없이 주사를 맞기 위해 팔뚝을 걷는다. 티브이는 이제 대놓고 말한다. '그냥 맞아! 6개월마다 맞아!! 죽을 때까지 평생 맞아!!!'

이제 학교를 보자.

학교가 이상적 배움 공간이라는 생각은 애당초 없었지만, 아주 조금은 도움을 준다고 생각했다. 그래도 나름 교육 공간이니까. 비효율적으로 쥐어 짜낸 아주 작은 교육성과가 존재는 한다고 생각했다. 시스템이 아무리 개떡 같아도 나름 열정 충만한 교사들이 꽤 많으니까. 그 교사들의 열정 덕분에 그나마 학교가 교육 공간으로 유지된다고 생각했다. 코로나 전까지는 말이다.

코로나가 터진 후 학교가 한 일을 적어보자. 원격수업이라는 이름으로 한창 뛰놀아야 할 아이들을 하루 종일 컴퓨터 앞에 앉혀놓았다. 앉힌 것도 모자라 쓰레기 같은 지식을 수업이라는 이름으로 아이들 머리에 마구 주입하였다. 학교에 오면 더더욱 철저히 통제하였다. 14세 미만은 마스크 착용이 의무가 아님에도 불구하고 무조건 코까지 올려 쓰게 하고 하루 종일 감시하였다. 한창 어울려야 할 아이들을 뚝뚝 떨어뜨려 놓고 같이 놀지 못하게 했다. 밥 먹는 시간조차 뚝뚝 떨궈놓고 오로지 밥만 먹게 했다. 실외에선 마스크 착용이 의무가 아님에도 불구하고 체육 시간 운동장에서조차 코까지 올려 쓰게 했다.

그뿐인가? 하루 세 번 교내 방송을 통해 코로나 세뇌를 시켰다. 코로나 감염 예방을 위해 손을 씻자, 마스크를 쓰자, 친구와 어울리지 말자, 학교 끝난 후 집에만 가자 등등. 하루 세 번 정규적으로 방송을 했고 담임교사들은 조회, 종례마다 코로나 훈화를 했고 교과 교사들은 수업 시간마다 방역 지도를 했으며 교감, 교장은 조회 때마다 또다시 훈화를 했고 학교는 그것도 모자라 주기적으로 가정통신문까지 발송했다. 이런 공간에서 '코로나는 위험하다'는 세뇌를 안 당할 학생이 있을까.

이게 다가 아니다. 결정적인 것은 백신이 나온 후다. '19세까지는 사망자가 0'인 바이러스를 예방하겠다고 19세 아이들에게 주사를 맞혔다. 이미 부작용 사망자가 속출하는 상황에서 학교는 고3 학생들에게 접종 시기와 장소만 알렸다. 안 맞으면 수능 때 불이익이 있을지도 모른다는 묘한 뉘앙스를 풍기며 학생들을 접종시켰다. 부작용에 대한 교내 방송도, 훈화도, 가정통신문도 없었다. 학생들을 접종시키기 위한 업무적 움직임과 목소리만 있었다. 학생들의 수많은 부작용 호소에도 학교는 아무 대꾸가 없었다. 급기야 고3 학생이 사망했다는 소식에도 학교는 조용했다. (11월 4일 청와대 국민청원 게시판에 '백신 접종 후 사망한 고3 아들의 엄마입니다'라는 청원이 올라옴.) 그리고 지금은 12세-17세 접종 중이다.

교육부는 단 한 번도 코로나에 대한 정확한 정보를 제공하지 않았다.

교육청은 단 한 번도 코로나에 대한 정확한 정보를 제공하지 않았다.

학교는 단 한 번도 코로나에 대한 정확한 정보를 제공하지 않았다.

수많은 교원 단체들은 단 한 번도 코로나에 대한 정확한 정보를 제공하지 않았다.

교사들은 단 한 번도 코로나에 대한 정확한 정보를 제공하지 않았다.

그저 '코로나는 위험하다', '백신은 맞아야 한다'는 메시지만 주입했다. 마치 티브이처럼.

코로나가 아니었으면 절대 몰랐을 거다. 죽을 때까지 몰랐을 거다. '에이 설마'하며 미련의 끈을 놓지 않았을 거다.

TV와 학교는 사람을 바보로 만든다.

이제는 확실히 안다.

고맙다 코로나.

얼마 전 지인들과 독서 모임을 했다. 선정 도서는 <코로나19 걸리면 진짜 안돼?>였다. 사실 진짜 하고 싶었던 책은 <코로나 미스터리>였지만 다들 코로나를 신뢰하는 일반인(?)들이어서 좀 더 소프트한 책으로 했다. 두 책의 서사 모두 '코로나는 흔한 감기바이러스다'라는 주장을 하지만 그 주장을 풀어내는 느낌은 많이 다르다. '코로나 미스터리'가 코로나바이러스에 대한 팩트 폭격기라면 '코로나19 걸리면 진짜 안돼?'는 선별진료소에서 1년간 실제 근무한 의사가 쓴 수필집 같은 느낌이다. 논문이나 데이터보다는 자신의 체험을 바탕으로 쓴 글이 많아서 일반인들이 좀 더 부담 없이 받아들일 거 같았다. 한마디로 '코로나 미스터리'를 읽기 전 애피타이저 같은 느낌이라고나 할까?

비록 '코로나 19 걸리면 진짜 안돼?'가 좀 더 가볍긴 해도 책의 저자는 서문에서부터 확실하게 말한다. 코로나 사태는 '감기바이러스가 벌인 대국민 사기극'이라고. 그래서 궁금했다. 코로나를 역대급 역병으로 믿고 있는 일반인들이 이 책을 읽고 어떤 반응을 보일지. 살짝 기대도 했다. 책을 다 읽고서 '뭐야 그냥 감기였잖아! 근데 우리 왜 이러고 있는 거야!'라고 혹시나 말하지 않을까.

모임이 진행되는 내내 말하고 싶은 마음을 억누르려 노력했다. 'PCR 검사? 그거 사기예요. 마스크? 그거 아무 효과 없어요. 백신? 그거 독주사예요.' 불쑥불쑥 치밀어오르는 마음을 계속 다스렸다. 최대한 그들의 얘기를 들으려 노력했다. 내 주변의 일반인들이 이 사태를 어떻게 생각하는지 정말 궁금했다.

결론부터 말하자. 책을 읽고도 그들은 크게 달라진 게 없어 보였다. 그들은 여전히 정부와 언론을 신뢰했다. 그래서 정부와 언론의 논리를 그대로 읊조렸다. '저는 이제 코로나 걸려도 사실 상관없어요. 근데 저 때문에 다른 누군가가 혹시 걸릴 수 있잖아요. 그리고 그 누군가가 노약자라서 죽을 수도 있잖아요.' 여전히 백신을 신뢰했다. '그래도 안 맞은 거보단 낫지 않을까요? 중증은 예방해준다고 하니까. 그리고 국가 차원에선 지금 백신 말고 다른 방도가 없으니 백신을 권유한다고 생각해요. 물론 강제는 안 되죠. 근데 전 부스터샷 차례 오면 또 맞으려구요.' 우리가 언제 노약자들 감기 걸릴까 무서워서 모든 국민들의 기본권을 통제했던가? 우리가 언제 감기 걸려 죽을까 무서워서 6개월마다 예방접종을 했던가?

우리나라는 이미 주권을 빼앗겼고, 지금의 정부는 국민을 위한 집단이 아니고, 단지 글로벌리스트의 하수인일 뿐이고, 주류 언론은 철저한 검열과 통제하에 왜곡된 정보만 내보내고, 전 세계가 소수의 글로벌리스트에 의해 끌려가고 있다는 사실. 이 불편한 사실을 받아들이지 않는 한 코로나 사태는 결코 명확히 파악할 수 없다. 독서 모임의 지인들은 그것을 보여 주었다.

허나 그들을 탓하고 싶진 않다. 어찌 보면 당연한 반응이니까. 소수의 글로벌리스트에 의해 전 세계가 놀아난다는 걸 솔직히 어떻게 받아들이겠는가? 2년째 삶을 옥죈 코로나 사태가 사실은 처음부터 끝까지 모두 사기라는 걸 어떻게 받아들인단 말인가. 전에도 말했듯 그것을 받아들이면 기존의 세계관이 붕괴된다. 지금까지의 삶을 지탱하고 있던 모든 신념과 가치관이 부서진다. 정신 분열이 일어난다.

그렇다고 계속 이렇게 있어도 될까? 극소수의 사람들만 깨어난 채, 대부분의 사람들은 잠들어 있는 상황. 우리에게는 두 가지 길이 있다고 생각한다.

첫째, 글로벌리스트들이 적당한 선에서 그만두는 경우다. 한국만 이렇게 조용하지, 세계 여러 나라에선 시위가 계속되고 있다. 백신패스를 반대하고 코로나 사기를 계속 알리고 있다. 만약 그 영향으로 글로벌리스트들이 적당한 선에서 코로나를 종식한다면 어떻게 될까? 정부는 검사 수를 줄이며 확진자를 줄일 것이다. 뉴스는 줄어드는 확진자를 연일 보도할 것이다. 사실 바뀐 게 아무것도 없고 검사만 안 했을 뿐인데 대부분의 사람들은 뉴스를 보고 '아, 드디어 끝났구나! 지긋지긋했다'라며 다시 일상으로 돌아갈 것이다. 역사가들은 스페인 독감을 능가했던 최악의 전염병으로 코로나19를 기록할 것이다. 관념 속에서만 존재했던 '무시무시한 코로나19'는 그렇게 역사 속으로 사라질 것이다.

둘째, 글로벌리스트들이 끝까지 가는 경우다. 세계 단일 화폐를 만들고 세계 단일 정부를 만든 후 모든 사람들을 맘대로 통제하는 1984의 상황. 모든 자유를 잃은 채 감시와 통제 속에서 노예처럼 살아가는 상황. 뭔 헛소리냐고? 이미 우리는 자유를 많이 잃었다. 신체의 자유, 이동의 자유, 종교의 자유, 행복 추구의 자유 등등. 자유는 눈 녹듯 점점 사라지고 통제와 감시는 점점 늘어났다. 이제는 자유롭게 밥 한 끼 먹지도 못한다. 모든 것이 기록되고 감시당한다. 그 끝이 바로 1984의 '빅브라더' 사회다.

우리는 어느 길로 가게 될까? 한 가지 분명한 점은 사람들이 잠들어 있으면 그들의 계획은 계속된다는 것이다.

문득 이육사의 '광야' 한 구절이 떠오른다.

지금 눈 내리고 / 매화 향기 홀로 아득하니 / 내 여기 가난한 노래의 씨를 뿌려라.

독서 모임을 함께 한 지인들의 가슴 속에도 씨 하나 뿌려졌을까.

21년 12월 3일
백신패스, 이젠 식당에도 적용하다.

누가 읽을까 싶지만, 이 말도 안 되는 코로나 사기극을 현재형으로 살아내고 있는 일반인의 시점에서 쓴 일상의 기록이 어쩌면 소중한 역사자료로 사용될 수도 있지 않을까. 그래서 오늘도 쓴다. 코로나 일기를.

드디어 올 것이 왔다. 정부는 오늘 백신패스를 식당, 카페에도 적용한다고 발표했다. 사실 며칠 전부터 '백신패스 식당, 카페에도 적용해야 하나...' 등의 예고 기사를 계속 흘리고 있었다. 그래서 사실 좀 우울했다. 주사 안 맞았다고 이제 밥까지 못 먹나 싶어서.

기사를 보다가 쓴웃음을 지었다. 이들이 정말 사람의 마음을 가지고 노는구나 싶은 부분이 있었기 때문이다. 바로 이 부분이었다.

'마스크 착용이 어려운 식당·카페에 대해 방역 패스를 적용하되 필수 이용시설 성격이 큰 점을 감안해 사적 모임 범위 내에서 미접종자 1명까지는 방역 패스 예외를 인정한다.'

1명. 하, 그러니까 혼자 밥은 먹게 해준다는 거 아닌가. 마치 이렇게 말하는 듯하다. '일단 살려는 드릴게. 근데, 언제 마음이 바뀔지 몰라. 그러니까 버둥거리지 말고 그냥 주사 맞아. 그리고 노예로 편하게 살아.'

그런데, 그들의 수가 뻔히 보임에도 불구하고 내 마음은 스르르 풀어지며 안도하고 있었다. '아, 다행이다. 그래도 밥은 먹을 수 있네. 휴우, 정말 다행이야.'

국가를 상대로 개인은 너무나 미약하다. 솔직히 국가가 막 밀어붙이면 어쩔 도리가 없다. 물론 행정소송, 헌법소원 등 방법이 없는 건 아니다. 하지만 법조인도 아닌 일반인이 소송하는 게 말처럼 쉬운 일이 아니다. 승소할 확률도 장담 못 하고, 승소하기까지의 긴 시간을 버틸 수 있을지도 의문이다. 소송은 또 그냥하는가? 소송 비용, 변호사 선임비용 등 법적 공방은 돈 먹는 하마다. 소송에 쓸 여윳돈을 충분히 가지고 있는 일반인이 몇이나 되겠는가. 게다가 상대는 개인이 아니고 국가다. 절대권력을 가진 국가.

결론은 하나다. 뭉쳐야 산다. 개인은 물방울이다. 그 물방울이 모이고 모여서 거대한 강줄기를 이룰 때, 국가라는 댐을 쳐부술 정도로 강물이 모일 때, 비로소 이 사태는 끝날 것이다. 티브이를 끄고 학교를 뛰쳐나와 모두가 하나로 모일 때. 그때는 과연 언제 올까? 문득 또 시 한 수 떠오른다. 심훈의 '그날이 오면'이다.

그날이 오면 그날이 오며는 / 삼각산이 일어나 더덩실 춤이라도 추고 / 한강물이 뒤집혀 용솟음칠 그날이, / 이 목숨이 끊기기 전에 와주기만 하량이면, / 나는 밤하늘에 날으는 까마귀같이 / 종로의 인경[人定]을 머리로 들이받아 울리오리다. / 두개골은 깨어져 산산조각 나도 / 기뻐서 죽사오매 오히려 무슨 한이 남으오리까 / 그날이 와서 오오 그날이 와서 / 육조(六曹) 앞 넓은 길을 울며 뛰고 뒹굴어도 / 그래도 넘치는 기쁨에 가슴이 미어질 듯하거든 / 드는 칼로 이 몸의 가죽이라도 벗겨서 / 커다란 북을 만들어 둘쳐메고는 / 여러분의 행렬에 앞장을 서오리다. / 우렁찬 그 소리를 한번이라노 듣기만 하면 / 그 자리에 기꾸러져도 눈을 감겠소이다.

물이 반쯤 차 있는 물컵. 그 물컵을 보고 사람들은 말한다.

'물이 반밖에 없네.'

'물이 반이나 남아 있네.'

관점의 차이를 보여 주는 대표적인 예. 단순한 물컵에 대한 반응도 사람에 따라 다르다. 동일한 현상에 대해 사람들은 자신만의 관점에 따라 다르게 해석한다. 코로나 전에는 그저 머리로만 이해했는데 코로나 이후로는 온몸으로 느끼고 있다.

그러니까 이런 거다. '코로나 사태는 감기 바이러스로 벌이는 전 세계적 사기극'이라는 관점의 A, '코로나 사태는 위험한 바이러스로 인한 전 세계적 팬데믹'이라는 관점의 B가 있다. A와 B는 코로나 팬데믹이라는 동일한 현상에 대해 다르게 해석한다.

<마스크 쓰기에 대해>

A : 고작 감기로 전 국민이 의무적으로 마스크를 써야 하는 게 말이 되는가! 건강한 사람이 2년째 매일 실내, 실외에서 하루 종일 마스크를 쓰고 있는 게 말이 되는가! 고작 감기 때문에 전

국민이 자유롭게 숨도 쉴 수 없다는 것인가! 참으로 미친 시절 아닌가!

B : 마스크가 확실히 효과가 있긴 있나 봐. 2년째 감기도 안 걸리네. 전 국민이 단합하여 마스크를 착용하고 있으니 어마무시한 팬데믹 상황에서도 이 정도나마 일상을 유지하고 있지. 만약 외국처럼 마스크 착용을 제대로 안 했다면 확진자 폭증으로 벌써 일상이 붕괴되었을 거야.

<각종 인원 제한에 대해>

A : 여기가 공산국가냐! 대체 국민의 인권을 왜 이리 짓밟고 통제하는 거냐! 사적 모임까지 국가가 시킹인 인원에 맞춰서 모여야 하냐? 헌법에 보장된 집회의 자유는 왜 이리 짓밟는 거냐! 대형 백화점, 지하철 이런 곳은 바이러스가 피해 가는 거냐? 참으로 미친 시절 아닌가!

B : 좀 불편하긴 하지만 확진자가 또다시 늘고 있으니 거리두기를 강화해야지. 그래도 거리두기를 하니까 이 정도나마 일상을 유지하고 있는 거야. 우리나라가 방역은 선진국보다 더 낫네. 역시 K-방역이야.

<백신에 대해>

A : 여태껏 감기 예방주사가 있었냐? 감기 바이러스는 변이가 일상이기 때문에 백신이 아무 효과가 없잖아. 그러니까 여태 감기 백신이 안 나왔지. 고작 감기 예방하자고 인류 최초로 시도

되는, 임상노 안 끝난, 부작용 검증도 안 된, 1년 만에 나온 mRNA백신을 맞는다고? 대체 왜? 감기는 걸려도 며칠 쉬면 낫는 건데?

B : 드디어 백신이 나왔구나! 그동안 너무 무서웠는데 얼른 예약하고 맞아야겠다. 게다가 전 국민 70% 이상 접종하면 집단면역으로 코로나가 종식된다니 얼른 맞아야겠네. 이 좋은 걸 무료로 접종시켜주다니. 역시 K-방역이야. 우리나라 선진국이네!

<부스터샷에 대해>

A : 전 국민 80% 이상이 2차 접종까지 마쳤다. 접종 전에는 100명대이던 확진자 수가 접종과 함께 점점 늘더니 이제는 8000명까지 늘었다. 집단면역은 희대의 개소리임이 분명해졌다. 게다가 백신 부작용 사망자는 공식 보고된 것만 1400명에 가깝고 부작용 중증 환자도 1만 명을 훌쩍 뛰어넘었다. 그런데 뭐? 주사를 또 맞으라고? 대체 왜!! 무엇 때문에!!!!

B : 정말 지독한 바이러스네. 전 국민이 대부분 백신을 맞았는데도 확진자가 계속 늘어나니. 게다가 이젠 오미크론이라는 변이까지. 그래도 백신이 있었기에 이 정도라도 유지가 되는 거겠지. 백신이 없었으면 지금쯤 우리나라도 수만 명이 죽고 난리가 났겠지. 이런 어마무시한 바이러스에 대항하는 백신을 1년 만에 만들었다니 정말 인류의 과학과 의학이 날로 발전하는구나. 2년 전에 개발한 백신이 지금 유행하는 변이 바이러스 오미크론에도 효과가 있다니 정말 대단하다. 2차 접종하고 3개월밖에 안 지났

지만 얼른 예약하고 3차도 맞아야겠다. 그래야 안심이 될 거 같아.

<백신패스에 대해>

A : 뭐? 이제는 하다 하다 백신패스까지? 백신을 안 맞으면 식당, 도서관도 가지 말고 그냥 집에만 있으라는 건가? 대체 왜 이렇게까지 국가가 국민에게 주사를 맞히려고 발악하는 거냐! 대체 왜 감기로 이렇게까지 하는 거냐!! 대체 왜!!!!!

B : 백신을 강제하는 건 좀 아닌 거 같은데... 음, 모르겠다. 전문가들이 고민 끝에 내린 결정이니 다 이유가 있겠지. 부작용을 감수아너 빚은 긴네 집동지들에게 이익이 들이기는 게 맞는 거 같기도 하고. 국가의 입장에선 어쩔 수 없는 선택이었을 거야. 국민이 정책을 지지해줘야지. 얼른 3차 맞으러 가자.

접종률이 말해주듯 대부분의 국민이 B의 관점이다. 내 주변 역시 대부분이 B다. 코로나 이후 매일 경험하고 있다. 아, 이렇게 보는구나. 아아, 이렇게 생각하는구나. 아아아, 이렇게 해석하는구나. A의 관점을 나눌 이가 드물다. 그래서 말수가 줄었다. A의 관점을 숨기고 적당히 사회적 관계만 유지하고 있다. 그런 시절이다.

그런데 글을 쓰고 보니 문득 다 지워버리고 싶은 충동이 든다. 이게 관점의 문제인가? 이렇게도 볼 수 있고 저렇게도 볼

수 있는, A로도 볼 수 있고 B로도 볼 수 있는 그런 문제인가? '
넌 그렇게 생각하는구나, 난 이렇게 생각해'의 문제인가? 코로나
사태가 정말 그런 문제인가?

'다르다'가 아니라 '틀리다' 같은데. A와 B 둘 중 하나가 틀린
거 같은데.

아무리 생각해도 말이다.

21년 12월 20일
제정신으로 살기 힘든 시절

이 사태가 언제 끝날까.

대부분의 사람들은 그저 막연하게 기다리는 듯하다. '언젠간 끝나겠지.' 그리고는 아무 의심 없이 생각 없이 또다시 하루를 살아간다. 그런 그들을 보며 나는 속으로 읊조린다. '당신들이 깨달아야 이 사태는 끝나요. 제발 깨어나세요.'

제정신으로 살기 힘든 시절이다.

관용의 정신으로, 편견에 치우치지 않고, 최대한 객관적으로 중립적으로 바라보려 해도 아닌 건 아닌 거다. 코로나는 이렇게도 볼 수 있고 저렇게도 볼 수 있는 문제가 아니다. 내가 혹시 미친 건가, 진짜 음모론에 빠진 건가, 수없이 자아 성찰하며 객관적으로 바라보려 노력했지만, 골백번 생각해도 코로나는 거짓이다. 이것을 말해주는 통계와 데이터는 이미 썩어 문드러질 정도로 넘친다.

이미 무수한 네이터가 나왔는데도 코로나 사기는 현재 진행형이다. 2차 접종까지 마친 사람들은 또다시 슬금슬금 3차 접종을 하러 간다. 사람들이 그렇게나 신뢰하는 주류언론이 '3차 접종자 돌파 감염 또 발생'이라고 대놓고 비웃어도 사람들은 접종 예약을 한다. '사람들이 다들 맞네. 불안해. 나도 맞아야겠다'

코로나 사기를 깨쳤을 때 얼른 알려야겠다고 생각했다. 가족, 친구, 지인 주변 사람들부터 알리면 그게 퍼지고 퍼져서 조만간 전 국민이 다 알겠지. 이런 말도 안 되는 사기극은 국민들이 깨닫기만 하면 바로 끝나겠지. 이 사기를 공모한 어둠 속의 그들을 비웃기까지 했다. '이런 말도 안 되는 사기를 계획하다니. 조만간 시민들의 뜨거운 공격을 받을 거다. 두고 봐라.' 순진했었다.

'소귀에 경 읽기'라는 속담을 온몸으로 실감했다. 사람들은 아무 대꾸가 없었다. 책을 소개해도, 영상을 공유해도, 통계 자료를 들이대도, 논리적으로 분석한 글을 보여줘도 아무 반응이 없었다. '얘 좀 미쳤나? 왜 이런 걸 자꾸 보내지?'하는 느낌. 그동안의 친분과 관계 때문에 '미친놈'이라고 차마 말하지 못하는 분위기. 센스 있게 알아서, 제풀에 지쳐, 입 닥치라는 무언의 압박. 처절하게 아무 대꾸가 없었고 무관심했다. 마음 약한 몇몇은 형식적으로 '그래 한번 봐볼게'라고 말해주었다. 한 번, 두 번, 세번... 내 마음은 생채기가 났고 지쳐갔다. 내 인생 가장 답답한 시절이었다.

가까운 사람들의 설득을 포기한 후 나는 익명의 바다에 뛰어들었다. 생판 모르는 사람에겐 '그래도 덜 상처 받겠지'라는 생각으로 각종 뉴스, 블로그에 닥치는 대로 댓글을 달았다. 한 명이라도 깨어나라는 마음으로 여기저기 댓글을 뿌렸다. 어느 날 댓글 개수를 보니 1400개가 넘어 있었다. 국민신문고에 민원도 넣었다. 국회 청원 동의, 국민청원 동의, 각종 입법안 반대 등도 자투리 시간에 최선을 다해 임했다.

나처럼 답답한 사람들의 작은 날갯짓이 효과를 보는 것인가. 어느 순간부터 뉴스에 달린 댓글들이 조금씩 달라졌다. 초반엔 코로나 진실을 알리는 댓글이 열에 하나였다면 어느 순간부터 열에 네다섯 정도로 늘었다. 코로나 진실을 규명하고 각종 방역 정책에 반대하는 시민단체들도 늘어났다. 백신패스에 반대하는 단체들도 늘어났고 진실을 알리는 의사들도 조금씩 늘어났다.

하지만 아직 미약하다. 전국이 어둠인데 달랑 촛불 하나 켠 느낌이랄까. 주변만 봐도 그렇다. 백신 접종을 하면 휴가가 가능하다고 하니 그럼 나도 백신 맞아야겠다는 농담을 하며 서로들 웃고 있다. 주말에 놀러 가서 찍은 사진을 공유하며 자신이 소비한 시간들을 자랑하고 있다. 원격수업 중인데 애들 점심시간을 언제로 잡아야 하냐고 자못 진지하게 회의하고 있다. 줌에 접속하지 않은 애들을 미인정 지각으로 처리할지 말지를 심각하게 고민하고 있다. 졸업식 때 포토존을 어떻게 꾸밀지 상의하고 있다. 사타구니에 붙은 각질보다도 중요하지 않은 것들에 대해 시간을 소비하면서 정작 자신들의 생존이 걸려 있는 코로나 진실에 대해선 아무 관심이 없다.

멘탈을 집고 마음의 평성을 다잡아야 살아갈 수 있는 시절이지만 오늘같이 욕지기가 치밀어 오르는 날이 가끔 있다. 현실에서 발광하면 많은 뒤탈이 따를 테니 글에서나마 발광하고 마칠까 한다.

"우와와와와와오아와와와아아아아아아아아아아아아아아아아아아아아아아아아아아아아아아아아악!!!!!!!!!!"

그래도 답답하다.

코로나 사태를 경험하며 처절하게 깨달은 것이 또 있다. 바로 교사의 정체성이다.

'교사는 마름이다.'

'마름'은 지주의 위임을 받아 소작지를 관리하던 대리인 또는 중간관리인을 말한다. 쉽게 말해서 땅 주인이 자기가 모든 땅을 관리하기가 힘드니 노예들 중에 똘똘한 놈을 골라서 노예 대장을 시키는 것이다. 노예 대장에게 완장을 채우고 보수만 두둑이 주면 노예 대장은 지주에게 충성을 다했다. 지주보다 더 노예들을 갈구고 수탈했다. 그래야 자신의 대장 자리가 보장되었기 때문이다. 일제 강점기 시절 문학작품을 보면 지주보다 더 혹독하게 소작농들을 괴롭히는 마름의 존재를 쉽게 찾아볼 수 있다. 자신도 노예 출신이면서 노예들의 사정을 봐주지 않고 오히려 지주 편에 섰던 존재. 지주가 부리는 충실한 개. 그게 마름이었다.

'지주' 대신 '국가'를, '소삭지' 대신 '학생'을 넣으면 교사의 정체성이 명확히 드러난다. '국가'의 위임을 받아 '학생'을 관리하는 대리인 또는 중간관리인. 지주를 위해 존재하는 마름처럼, 국가를 위해 충성하는 존재. 그게 교사다.

국가권력을 가지고 있는 이들은 그 힘을 유지하기 위해 자신들에게 유리한 특정 이념과 정책을 끊임없이 사람들에게 주입하려 한다. 이러한 주입은 학생들에게 절대적으로 필요하다. 그 학생들의 생각과 행동이 곧 국가의 미래와 직결되기 때문이다. 따라서 미래에도 쭉 자신들의 권력을 유지하려면 끊임없이 특정 이념과 정책을 학생들의 머리, 가슴, 몸에 쏟아부어야 한다.

이러한 세뇌작업을 소수의 권력층이 계속하기란 불가능하다. 그래서 그들은 중간관리자를 뽑았다. 학생들을 위한 숭고한 일, 안정적인 수입, 연금이 보장된 편안한 노후 등등 그럴듯한 꿀발림을 덕지덕지 묻혀서 '교사'라는 자리를 내놓았다. 자유롭고 반항적인 사람들이 교사가 되면 자신들의 목적 달성이 힘들기에 '학교'라는 체제를 가장 우수하고 성실하게 통과한 사람이 교사가 될 수 있도록 설계했다.

이들의 설계는 정확히 맞아떨어졌다. 실제로 전교 1등이 가장 많이 진학하는 곳이 어딘 줄 아는가? 바로 '교대'다. 또는 사범대. 그도 아니면 교직 이수할 수 있는 학과. 학교를 가장 성실히 이수한 학생들은 졸업 후 다시 교사가 되어 학교로 돌아온다. 그리곤 자신이 맡은 임무를 더없이 충실하게 수행한다.

코로나 사태는 그것을 여실히 보여 주었다. 코로나 사태에 대한 국가의 입장이 어떤가? '코로나는 무서운 바이러스다', '코로나 예방접종은 꼭 해야 한다' 정도로 요약할 수 있겠다. 이러한 국가의 입장을 교사들은 충실히 퍼 나른다. 끝없이 아이들을 세뇌한다. 어떻게 알 수 있냐고? 길게 설명할 필요도 없이, 학교에서 교사가 하는 말을 몇 개만 옮겨보면 적나라하게 드러난다. 아래는 코로나 사태 이후 교사들이 가장 많이 하는 말이다.

'야, 마스크 코까지 올려 써!'

'야, 밥 먹을 때 누가 얘기하냐!'

'확진자가 증가하고 있으니 밖에 돌아다니지 마.'

'조금이라도 의심 증상 있으면 무조건 검사 받아.'

'오늘은 OOO, OOO이 백신 접종을 했습니다.' (이 얘기를 조회, 종례 때마다 매번 한다. 접종한 학생이 있을 때마다 전체 학생들에게 계속 말한다. 물론 맞으라고 말은 안 한다. 하지만 교사가 계속 백신에 대해 반복적으로 얘기하면 아이들은 무의식중에 '아, 친구들이 맞을 때마다 선생님이 말씀하시는 거 보니 꼭 맞아야 하나 보다'라고 생각하지 않을까? 게다가 고3 학생들은 2차 접종한 지 4개월밖에 안 지났다. 백신패스 유효기간이 6개월이니 2개월이나 아직 남아 있는 것이다. 그런데 굳이 교사가 이제 곧 졸업하는 애들한테 매일 매일 백신에 관한 얘기를 할 필요가 있을까?)

한때 교사를 지식인이라고 생각한 적이 있었다.

성직자 비스무레하게 생각한 적도 있었다.

부모를 대신하는 숭고한 존재라고 생각한 적도 있었다.

지금은 아니다.

교사는 마름이다.

혹시 비타민 주사로 착각하시는 거 아니에요?

사람들은 백신을 과연 몇 차까지 맞을 것인가?

같은 교무실 선생님들이 또 하나둘 부스터 샷을 맞으러 간다. 백신패스가 시행되고 있는 사회직 분위기외는 딜리 학교는 이직 별다른 압박이 없다. 사실 백신에 대해 자유롭다. 맞으라고 권고하는 사람도 없고, 안 맞았다고 뭐라 하는 사람도 없다. 뭐 속으로 다들 어떻게 생각하는지 모르지만, 어쨌든 백신을 맞든 안 맞든 아무런 제재도 없고 눈치도 주지 않는다. 적어도 겉으로는.

그런데 정말 자발적으로 하나둘 또 맞으러 가고 있다. 맞으라 한 사람도 없는데 자발적으로 예약을 하고 접종을 한다. 누가 교사 아니랄까 봐 정말 성실하게 접종에 참여하고 있다. 백신패스 유효기간(6개월)이 아직 2개월이나 남았는데 미리미리 부스터 샷을 맞고 있다. 마치 깨어있는 시민인 양, 모두를 위하는 양, 국민의 의무인 양 당당하게 접종하러 간다.

나는 징밀이지,

대가리가 깨어질 정도로,

대가리가 깨어지고 골수가 다 빠져나올 정도로

그들을 이해할 수가 없다.

자기 발로 도살장에 들어갔다가

'우와~ 살았다!'라며 도살장을 나오는 그들을

이해할 수가 없다.

참으로 미친 시절이다.

21년 12월 31일
그 누가 상상이나 했을까.

어느덧 21년 마지막 날이다.

살아있으니 그저 하루하루 일상의 과제들을 해결하며 살아간다. 자명종 소리에 눈을 뜬다. 살아있으려면 에너지가 필요하니 아침을 먹는다. 살아있으려면 돈이 필요하니 이힘을 떠은 후 하교로 출근한다. 학교가 시키는 대로 해야 별 탈 없이 돈을 주니 학교 일을 한다. 퇴근 시간이 되면 도망치듯 학교를 탈출한다. 백신패스 때문에 어디 갈 곳도 없다. 곧장 집으로 간다. 최후의 보루인 내 집에서 제한된 자유를 조금 누리다가 잠이 든다. 몇 시간 후, 다시 자명종이 울린다. 하루가 또 시작된다. 어느덧 21년 마지막 날이다.

2020년 2월 코로나 사기극이 본격적으로 시작될 때만 해도 전혀 몰랐다. 내가 알던 세상의 끝이 2019년이었다는 사실을. 좀 불편하겠군, 한두 달 있으면 잠잠해지겠지. 사스, 신종플루, 메르스처럼 스쳐 지나가는 바람인 줄 알았다. 100일이 지나고 반년이 지나고 '어, 이상하다?' 싶으니 어느새 2020년 마지막 날이었다. 백신과 함께 희망차게 시작한 2021년. 리턴 2019년을 희망하며 국민들은 앞다퉈 주사를 맞았다. 50%.. 70%... 접종률이 올라가며 확진자는 더욱 늘어갔고 '어, 이상하다?' 싶을 때쯤 전 국민 1차 접종률은 90%를 넘어섰다. 그러자 정부는 일상을 누리기 위해선 주사를 맞아야 한다며 '백신패스'라는 해괴한 위헌 정책을 내밀었다. 바이러스를 예방하기 위한 것인가, 밥 먹고 차 마시기 위한 것인가. 백신의 목적이 변질되었음에도 사람들은 아랑곳하지 않고 열심히 부스터샷을 맞았다. 그렇게 2021년 마지막 날이 되었다.

그 누가 상상이나 했을까? 단순 감기로 전 국민이 통제받고 신체 결정권까지 침범받는 시대가 올 줄을. 2년이나 경험해도 여전히 열의 아홉이 코로나 사기에 대해 아무 의심도 안 할 줄을. 2019년에 그 누가 상상했을까.

참으로 미친 시절. 벌써 만으로 2년이다. 미치지 않고 계속 살아가고 있다. 아니, 오히려 조금씩 적응하며 나름 균형감을 유지하며 살고 있다. 이제 무턱대고 가까운 지인들을 설득하려 들지 않는다. 어찌 됐건 그들과 관계를 유지해야 하기 때문이다. 대신 익명의 바다에서 꾸준히 활동한다. 청원 동의, 댓글 쓰기 등 기본적 온라인 활동은 물론이고 헌법소원에도 참여했다. 백신패스 반대 오프라인 시위 현장에도 조금씩 참여해 볼 생각이다. 내 삶을 유지하고 감당할 수 있는 선에서 앞으로도 꾸준히 활동할 생각이다. 신념을 위해 온몸을 불사르는 투사가 될 순 없지만, 아무것도 안 한 채 죽을 날만 기다리는 사형수가 되고 싶지도 않다. 어쨌건 살아있는 한 살아가야 하고, 미래는 아직 오지 않았으니 말이다. 자전거를 타듯 균형감을 가지고 계속 살아가려 한다.

먼 훗날 다시 돌아본다면 지금 이 시절은,

'그래도 그때가 좋았는데...'라고 회상하는 시절일까 아니면,

'그때 잠깐 전 세계가 미친 시절이 있었지.'라고 해프닝으로 기억되는 시절일까.

우리가 맞이할 미래는 진정 디스토피아일까, 아니면 2019년 과 이어진 세계일까.

우사이실 산실이 소밍하머 2021년을 보낸다.

잘 가라 2021년.

22년 1월 4일
당신이 살아야 나도 산다.

새해가 밝았다.

한 해의 마지막도, 한 해의 시작도 아무 감흥이 없다. 2020년 2월부터 오직 생존만을 목적으로 삶을 이어가는 기분이다. 분노, 절망, 답답함, 허무함 같은 회색빛 감정의 바다에서 살아남기 위해 억지로 고개를 치켜들고 숨을 쉬고 있다. 어떻게든 살아야 하니까.

새해를 맞이하여 생각해 봤다. 왜 이리 주기적으로 답답한 걸까. 벌써 만으로 2년째다. 그냥 그러려니 하고 살아갈 법도 한데. '니는 그렇게 살아라, 난 이렇게 살란다'하며 설득되지 않는 지인들을 포기할 만도 한데. '마음을 비워야지'라고 결심하면서도, 여전히 코로나를 믿으며 방역 수칙을 철저히 지키는 사람들을 보면 다시금 마음이 어지러워진다. 자꾸만 그들을 가시 돋친 눈길로 바라본다. 시선이 곱지 않고 말투도 곱지 않다. '제발 좀 깨어나라고!!!!!!' 마음속으로 고함을 지른다. 대체 왜 이러는 걸까?

당연하지. 생각 끝에 내린 결론이었다. 당연히 그럴 수밖에 없다. 그들을 결코 포기할 수가 없다. '아, 부스터 샷 맞으신다구요? 울트라샷, 파이널샷, 불스원샷, 사장님나이스샷까지 조심히 맞으세요. 허허.'라고 웃으며 배웅할 수가 없다. 당신의 선택을 존중한다며 가식을 떨 수가 없다. 왜냐고? 그들이 살아야 내가 살기 때문이다.

코로나 사기극이 과연 언제 끝날까? 이 사기극을 계획한 이들이 적당한 때가 되면 끝낼까? '그동안 고생했어. 이제 이쯤에서 끝낼게'라며 끝내줄까? 입장을 바꿔 생각하면 답은 나온다. 점점 대중들을 자기들 입맛대로 감시하고 통제하며 빅브라더사회로 진입하고 있는데 멈추겠는가? 전 세계인을 자기들 맘대로 쉬락펴락하는데 멈추겠는가? 이미 우리의 사생활과 자유는 많이 잠식되었다. 큐알코드의 일상화. 밥 먹으러 갈 때도, 차 마시러 갈 때도, 영화 보러 갈 때도, 쇼핑하러 갈 때도 우리는 큐알을 찍는다. 하루 종일 내가 어디서 무얼 했는지 고스란히 기록된다. 그 기록들은 우리를 옭아맨다. 역학조사라는 이름으로 동선이 겹쳤다며 얼마든지 격리시키고 감금할 수 있다. 이미 빅브라더 사회는 시작되었다.

목마른 놈이 우물 판다는 말이 있다. 코로나 사기극에서 목마른 놈이 누구인가? 점점 자유를 잃어가는 대중들이다. 자유 시민에서 노예로, 노예에서 가축으로 점점 바뀌게 되는 대중들이다. 이 사기극을 멈추고 판을 바꾸기 위해선 대중들이 나서야 한다.

대중이 누구인가? 수많은 사람의 무리다. 한두 사람이 아니라 수많은 사람이다. 지금 사회를 이루고 있는 대다수의 사람들. 그러니 대중이 나섬은 곧 대다수의 사람늘이 나선다는 말이다.

그런데 지금 대다수의 사람들이 어떤가? 83%가 2차 접종까지 완료했다. 코로나 바이러스가 위험한 바이러스라고 믿으며 방역 수칙을 철저히 지킨다. PCR 검사 결과를 절대 진리로 믿으며 자발적으로 검사를 받으러 간다. 검사를 멈춰야 코로나가 끝난다는 단순한 사실을 모르고 있다. 대다수의 사람들이 말이다.

대중이 깨어나지 않는 한, 코로나는 끝나지 않는다. 코로나가 끝나지 않는 한, 자유는 점점 사라질 것이다. 자유가 사라지면 남는 것은 노예의 삶이다. 자유가 아니면 죽음을 달라! 오죽하면 이런 말이 있겠는가.

나는 노예처럼 살고 싶지 않다. 죽는 날까지 자유롭게 살고 싶다. 그러기 위해선 대중의 힘이 필요하다. 대중이 힘을 합쳐 저항해야 한다. 내 주변의 가족들, 친구들, 지인들. 이런 보통 사람들이 모두 하나가 되어 저항해야 한다. 그래야 우리가 산다. 결국 그들이 살아야 내가 산다.

살고 싶으니까 포기가 안 되고, 포기가 안 되니 답답한 거다.

결국 또 잠들어 있는 그들에게 다가갈 수밖에.

다가가서 흔들며 소리칠 수밖에.

제발 깨어나!

오늘 졸업식을 했다. 담임으로서 아이들에게 마지막 메시지를 전달했다. 부디 아이들 가슴 속에 씨앗 하나 심어졌으면 좋겠다. 아래는 우리 반 단톡방에 내가 올린 마지막 메시지다. '소아랑 tv'와 브린시 앱의 '니틱희 교수' 글을 링그한 뒤, 메시지를 덧붙였다.

<진짜 마지막 종례(오프 더 레코드)>

1년 동안 선생님 잘 따라와 줘서 정말 고마웠다. 너희들처럼 선하고 예쁜 학생들을 만났으니 난 정말 복이 많은 사람이다. 물론 선생님이 맘에 안 들었던 사람도 있겠지만, '아 이런 선생님도 있구나'하고 너희들 성장의 밑거름으로 삼아 주기 바란다. 서운한 기억은 모두 잊고 좋았던 기억만 남겨주길 바란다.

자, 지금부턴 담임교사가 아닌 인생 선배로서 한마디하고 마칠까 한다.

지난 1년간 가장 아쉬웠던 건 코로나 사태에 대한 정보를 좀 더 적극적으로 전달하지 못했다는 점이다. 2년 넘게 우리 일상을 통제하고 있는 코로나바이러스. 너희들의 삶과 관련된 너무나 중요한 주제인데 늘 교사라는 신분이 발목을 잡았다. 그 점이 가장 괴로웠고 너희에게 미안했다.

이제 졸업도 했으니 편하게 말해도 되지 않을까 싶다. 지금 코로나에 대해 주류언론과 정부가 전달하는 정보는 굉장히 불합리한 점이 많다. 조금만 살펴보면 이해 안 되는 부분이 너무나 많지. 매해 독감 사망자가 3000명인데 지난 2년간 코로나 사망자는 5000명이다. 이게 정말 위험한 전염병 맞니? 이 코로나 사태를 명확하게 이해하는 건 앞으로 너희의 인생에 굉장히 중요하단다. 세상이 어떻게 돌아가고 이런 세상에서 내가 어떻게 살아갈지를 정하는 기준이 되기 때문이지. 3월 너희를 처음 만났을 때 선생님이 추천한 책 혹시 기억하니? <코로나 미스터리>. 읽은 사람이 있을지 모르겠구나. 그것도 선생님 딴엔 굉장히 용기를 낸 거란다. 그 책을 읽고 내용에 동의한다면 현재 진행되고 있는 모든 방역 정책이 얼마나 모순덩어리인지 깨닫기 때문이지. 사실 지금의 모든 방역 정책은 아무런 의미가 없단다. 그래서 선생님은 너희에게 마스크든 자가 진단이든 체온 측정이든 백신 접종이든 그 어떤 것도 강조하지 않았어. 하지만 대놓고 너희에게 말하진 못했지. 위에도 말했듯이 선생님은 정부의 방역 정책을 충실히 따라야 하는, '교사'니까 말이야.

책을 읽기 힘들다면 글쓴이가 운영하는 <소아랑tv>도 있으니 방학 동안 꼭 정주행하길 바란다. 또한 브런치 앱에 이덕희 교수가 쓴 글들도 하나씩 정독해 보기 바란다. 두 채널은 코로나에 대해 가장 객관적으로 분석하고 있는 채널이다. 코로나 사태에 대한 명확한 시각을 갖길 부디 진심으로 기원한다.

이제 정말 안녕할 시간이구나. 단톡방에서 선생님은 나갈게. 너희들끼리 계속 유지하든 폭파하든 알아서 하거라. 너희들의 찬란한 앞날을 응원하마. 12년 동안 학교에 갇혀 있느라 고생 많았다. 이제 날개를 활짝 펴고 자유롭게 너희 인생을 살아가라!

안녕!

확진자가 3만 명을 넘었다.

어차피 PCR 검사가 사기인 걸 알기에, 확진자가 십만이건 백 만이건 나는 아무 상관없다만, 사람들은 그렇지 않은 모양이다. 3년째 감기로 사기를 치고 있건만, 아직도 사람들은 정부와 언론 을 신뢰하고 있다. ''3만 명이 넘었네..어쩌나..'라며 짐짓 걱정 어 린 투로 말한다. 그리고 이어서 말한다. '근데 제가 주말에 온양 온천을 다녀왔는데 꽤 괜찮더라구요.' 어느새 옷이 되어 버린 마 스크를 쓰고 여기저기 큐알을 찍어대며 일상을 살아가고 있다. 대부분의 사람들이 그렇다.

모순. 그야말로 모순의 시대를 살아가고 있다. 전염병으로 죽 는 사람보다 전염병 예방주사 부작용으로 더 많이 죽는 시대. 예 방주사를 놓을수록 확진자는 폭증하는데 더욱 접종을 장려하는 시대. 확진자 30명일 때 등교 중단을 했는데 정작 3만 명이 되 자 전면등교를 하는 시대.

생물은 환경에 적응한다. 그래야 살 수 있기 때문이다. 사람 역시 생물이다. 그래서 환경이 바뀌면 살기 위해 적응한다. 코로나 모순이 일상을 지배한지 어언 3년. 나 역시 살기 위해 모순의 시대에 어느덧 적응한 듯하다.

감정이 요동치는 횟수가 줄었다. 요동의 폭도 작아졌다. 한마디로, 둔해졌다. 확진자가 3만 명이 넘어서 걱정인데 정작 본인은 온양온천을 놀러 갔다 왔다는 지인의 말을 들어도, 백신 부작용인 폐색전증으로 죽은 고등학생을 코로나 사망자로 보도하는 뉴스를 봐도(폐색전증은 혈전(피떡)이 폐동맥을 막아서 발생하는 증상이다. 명백히 백신 부작용이다. 이걸 지금 모든 언론사가 국내 첫 10대 코로나 사망자라고 보도하고 있다), 설날에 자발적으로 PCR 검사를 받기 위해 선별진료소에 길게 줄 서 있는 사람들을 봐도 내 마음은 산산하다. 직년민 히디리도 '이 사람들아, 제발 깨어나라고!! 감기라고!!!'라고 속으로 아우성치며 전전긍긍했겠지만, 이젠 그러려니 한다. 모든 모순의 순간들에 풀발기하며 급발진하면 남는 건 '미친놈'뿐이다. 미친놈으로 살 자신은 아직 없다. 그러니 살기 위해선 내 감정을 다스리고 모순의 시대에 적응해야 한다. 3년째가 되니 적응이 되었다.

누군가 내 글을 읽는다면 실망할지도 모르겠다. '그래도 먼저 깨어난 자가 잠들어 있는 사람들을 깨워야죠! 그냥 시대에 적응하면 어떡합니까!'라고 비난할지도 모르겠다. 먼저 깨어난 자. 그래, 한때는 사명감을 가지고 '먼저 깨어난 자'로서 여기저기 알리기도 했다. 내 주변 지인들만이라도 깨워보려고 틈만 보이면 코로나 진실을 끼워 넣었다. 책 소개로, 영상공유로, 파일 공유로. 그렇게 2년을 보내고 내가 얻은 결론은 이것이다. '아, 코로나 진실을 전파하는 게 종교 선도하는 거랑 비슷하구나.' 사람들에게 코로나는 이미 이성의 영역이 아니라 믿음의 영역이었다. 정부를, 언론을 굳게 믿고 있었다. 결론적으로 나는 내 지인들을 단 한 명도 깨우지 못했다.

그렇다고 아무것도 안 하는 건 아니다. 사회적 관계를 유지하며 살아야 하기에 지인 설득은 포기했지만, 익명의 공간에선 활동을 이어가고 있다. 코로나 기사에 댓글도 꾸준히 달고 진실 댓글에 좋아요도 누르고 국회청원 동의도 하고 악법반대 청원도 참여한다. 매주는 아니지만 백신패스 반대 시위도 가끔 참여한다. 내 삶이 뭉개지지 않는 선에서, 기부하듯 내 시간과 에너지를 코로나 진실 운동에 보탠다. 시위와 삶의 균형. 한마디로 프라밸이라고나 할까? (protest & life balance)

그래서 하고 싶은 말이 뭐냐고?

거짓과 모순이 난무하는 미친 시절에 미치지 않고 살려다 보니 어느덧 그 미친 일상에 적응하며 살고 있다는 얘기다. 어떤 시간과 공간 속에서도 사람은 적응하며 살아간다. 나 역시 그렇다.

3월 1일부터 백신패스 잠정 중단!

백신패스가 드디어 중단되었다. 식당도 카페도 이제 자유롭게 갈 수 있다. 분명 기쁜 일이다. 그런데, 사실은 별로 기쁘지가 않다.

첫째. 정부는 '백신패스 완전 폐지'라고 말하지 않았다. '잠정 중단'이라고 했다. 뭐랄까, 교도소에 복역 중인 모범수에게 상으로 잠깐 외출을 허락하는 듯한 느낌이랄까. '옛다 기분이다'하며 일시적 자유를 던져준 느낌이랄까. 중단과 시행의 정확한 기준도 없다. 그렇게 주구장창 외쳐대던 확진자 수가 어느새 20만 명이 넘었는데 돌연 백신패스를 중단한단다. 대체 왜? 아니 확진자가 20명일 때도 그렇게 호들갑을 떨더니 이제 20만 명이 넘어가는데 도리어 백신패스를 중단한다고? 대체 그 기준이 무엇이란 말인가! 기준이 없으니 언제까지 중단할지, 언제 다시 시행할지 예측할 수도 없다. 지들 입맛대로 백신패스 중단과 시행을 결정하는 모양새인데 국민들은 그저 바라만 보고 있다. 식당과 카페를 이용하는 권리는 원래부터 누리던 자유 아닌가? 그 자유를 정부가 맘대로 줬다 뺏다 하고 있는데 대체 왜 아무 말도 않고 순응만 하는 것인가.

둘째. 지긋지긋한 나머지 방역 정책은 여전히 살아있다. PCR 검사, 마스크 착용, 사회적 거리두기, 백신 접종 독려 등 백해무익한 방역 정책은 여전히 기세등등하다. 인류의 역사와 함께 한 감기 바이러스를 차단하기 위해 여전히 온 국민이 야외에서도 마스크를 코까지 올려 쓰고 있다. 이젠 자가진단키트가 보급되어서 시키지 않아도 자발적으로 약국에서 키트를 사서 성실하게 코로나 검사를 하고 있다. 정부는 여전히 영업시간 제한, 모임 인원 제한 등 사회적 거리두기를 풀지 않았으며 청소년 접종을 추진함은 물론 4차 접종 어쩌고저쩌고하고 있다. 모든 방역 정책이 살아있는 가운데 무슨 이유인지 알 수 없지만 백신패스만 잠정적으로 중단한 것이다. 그러니 기쁘겠는가?

셋째. 가장 큰 이유다. 코로나 진실을 전하는 선각자들은 하나같이 이렇게 말한다. '제2의 팬데믹이 온다.' '넥스트 팬데믹으로 인해 더욱 강력한 통제사회가 올 것이다.' '코로나19 시절을 그리워하게 될 것이다.' 등등. 만약 코로나 사태가 정말 더 큰 그림을 그리기 위한 스케치에 불과했다면 다가올 미래는 대체 어떤 모습이란 말인가. 정말 음모론에서 말하는 대로 세계단일정부가 세워지고 전 인류는 몸에 칩이 박힌 채 24시간 감시당하는 통제사회에서 노예처럼 살아가게 될 것인가. 2019년으로는 정말, 정녕, 영영 돌아갈 수 없는 것인가. 아무런 통제 없이, 누구의 눈치도 보지 않고, 일말의 불안감도 갖지 않은 채, 하하호호 웃고 떠들며 살냄새 가득한 일상을 누리던 그때로는 진정 돌아갈 수 없는가.

궁극적 자유가 아니라 잠시 쉬어가는 느낌이 가득한 정부의 발표. '잠정 중단'

하나도 기쁘지가 않다.

22년 3월 30일
나는 도무지 모르겠다.

30만, 40만, 50만.

어느 순간부터 확진자가 수십만 명 나오고 있다. ·'가끔씩'이 아니라, 매일 수십만 명이 쏟아져 나온다. 누적 확진자는 천만 명이 넘었다고 한다. 그러니까 우리 국민 5명 중 1명은 확진자라는 소리다.

실제로 주변에서도 심심찮게 확진자를 볼 수 있다. 학교를 보면 각 반에 확진자 3, 4명이 늘 발생하고 있다. 교사들도 3, 4명씩 돌아가며 계속 확진되고 있다. 확진자 증가를 직접 체감하다 보니 주변에 확진자가 없으면 인간관계에 문제가 있다는 농담까지 하며 사람들은 이제 확진에 대해 많이 무뎌졌다.

당연히 사람들은 확진자의 건강 상태도 직접 두 눈으로 보게 되었다. 확진자들은 정부가 정한 일주일 격리라는 시간을 보낸 후 다시 일상으로 복귀했다. '아직 기침이 좀 남아 있어요.', '목이 살짝 잠겨요.', '가래가 껴요.' 등등. 이런저런 사소한 후유증을 호소했지만 그들은 대부분 멀쩡한 모습으로 돌아왔다. 그 모습은 처음 경험하는 낯선 모습이 아니었다. 우리가 익히 알던 모습. 감기가 걸린 후 다시 나은 모습이었다.

감기 환자는 환절기에 늘 많았다. 여기저기서 훌쩍이고 콜록대고 캑캑거렸다. 지금처럼 감기 환자를 통계 내기 위해 그때도 PCR 검사를 했다면 수십만 명 나왔을 거다. 하지만 그때 우리가 감기에 걸렸다고 격리를 했던가? 건강한 사람까지 죄다 마스크를 썼던가? 온 국민이 예방접종을 했던가? 그 어떤 것도 하지 않았다. 침 튀기며 대화하고 밥도 먹고 차도 마셨다. 그래서 감기 환자가 기하급수적으로 늘었던가? 아니다. 날이 점차 따뜻해지면 자연스럽게 감기 환자는 줄어들었다. 그렇게 환절기는 지나갔다.

그때와 지금. 대체 뭐가 다른 걸까? 그때도 감기 환자는 수십 명에서 수백만 명이었고 지금도 그렇다. 그때도 개인 면역력에 따라 증상은 다양했고 지금도 그렇다. 그때도 감기를 앓은 후 기침을 한 달 넘게 하는 사람이 있었고 지금도 그렇다. 그때도 노약자들은 감기로 죽기도 했고 지금도 그렇다. 그때도 감기로 주변에 죽은 사람은 아무도 없었고 지금도 그렇다. 그때와 지금의 다른 점을 나는 도무지 모르겠다. 감기와 코로나19의 차이점을 정말 모르겠다.

이제는 본인이 직접 겪지 않았는가! 또는,
확진된 주변 사람을 직접 보지 않았는가!
그저 흔한 감기라는 사실을 온몸으로 체험하고 두 눈으로 똑

똑히 보지 않았는가!

그런데 대체 왜!!!!!!!!!!!!!!!!!!

확진자 50만이라는 뉴스에 아직도 귀를 쫑긋거리냔 말이다.
아무도 없는 공원에서 마스크를 코 위까지 올리냔 말이다.
아무 죄도 없는 아이들한테까지 백신을 맞추려 드냔 말이다.
왜 그러냔 말이다.
대체 왜...

마스크 규제를 해제한단다. 5월 2일부터 이제 실외에선 마스크를 의무적으로 안 해도 되는 것이다. 저번 주에 사회적 거리두기를 해제하더니 이제 마스크도 해제한다. 일상으로 돌아간다며 미디어는 호들갑을 떨지만, 사실 곰곰 생각해 보면 여전히 국민들을 개돼지로 보며 기만하고 있음을 알 수 있다.

일단 실외다. 전면 해제가 아니고 실외만 해제하는 것이다. 실외 마스크는 바이러스를 막는 것과 아무 관련이 없다. 우리가 실외에서 마스크를 쓰는 이유는 두 가지다. 첫째, 겨울철 차고 건조한 공기로부터 호흡기를 보호하기 위해. 둘째, 황사 등 미세먼지로부터 호흡기를 보호하기 위해. 공기 중 떠돌아다니는 바이러스를 막기 위해 실외에서 마스크를 쓰는 일은 인류 역사상 전무했다. 그럼 지난 2년간 우리는 왜 길거리에서 마스크를 쓰고 다녔을까? 남들 다 쓰니까. 100명 중 99.9명이 쓰니까 눈치 보여서 썼을 뿐이다. 바이러스를 막기 위해서가 아니고, 집단의 압박을, 동조의 압력을 버티기가 힘들어서 그냥 썼을 뿐이다. 어쨌

157

건 처음부터 방역과는 아무 관련도 없었던 실외 마스크를 3년째가 되어서야 선심 쓰듯 풀어주는 것이다. 실외 마스크를 풀어도 병상 가동 체제가 안정적으로 관리될 것이라는 전문가들의 개소리를 덧붙이면서 말이다.

웃긴 건, 마스크 착용 의무가 처음 생겼던 2020년 10월 13일엔 확진자가 91명(국내 69명·해외 22명), 사망자가 1명 수준이었고, 현재는 수만 명의 확진자가 매일 나오고 있다는 점이다. 수백 명도 아니고 수천 명도 아니고 수만 명, 얼마 전까지는 심지어 수십만 명의 확진자가 발생했는데 왜 마스크를 해제하는 것인가? 100명도 안 되는 확진자일 때 마스크 의무화를 했으니 수만 명 ~ 수십만 명이 나오는 지금은 전 국민이 잘 때도 마스크를 껴야 하는 거 아닌가? 아니 아니 마스크보다 더 강력한 방독면을 쓰고 다녀야 하는 거 아닌가? 밥 먹고 차 마실 때는 노마스크라 위험하니 모든 영양소는 수액으로 공급해야 하는 거 아닌가? 마스크가 바이러스를 막는다는 정부의 논리대로라면 말이다.

더 웃긴 건, 이마저도 단서를 달았다는 것이다. 뉴스를 인용한다.

다만 50인 이상의 집회, 또는 관람객 수가 50명이 넘는 공연·스포츠 경기 등에서는 함성이나 합창 등으로 침방울(비말)이 퍼지기 쉽기 때문에 지금과 마찬가지로 계속 마스크를 착용해야 한다.

의무 상황 외에 ▲ 발열·기침 등 코로나19 의심 증상자 ▲ 고령층이나 면역저하자, 만성 호흡기 질환자·미접종자 등 코로나19 고위험군 ▲ 50인 미만의 스포츠 등 경기·관람장, 놀이공원·워터파크 등 유원시설, 체육시설 등 50인 이상 좌석을 보유한 실외 다중이용시설 ▲ 다수가 모인 상황에서 타인과 최소 1m 거리를 15분 이상 지속적으로 유지하기 어렵거나 함성·합창 등 비말 생성이 많은 경우는 실외 마스크 착용을 적극 권고한다.

한마디로 사람이 많이 모이는 곳에선 쓰고, 한적한 곳에서만 벗으라는 말이다. 그런데 이건 지금도 마찬가지다. 규제를 풀기 전인 지금도 사실 실외에서 2m 간격을 벌릴 수 있는 곳에서 마스크가 의무가 아니다. 집회, 행사 등 2m 간격 유지가 힘든 곳에서만 의무다. 그러니까 사실 지금도 길거리에선 마스크를 쓸 필요가 없는 것이다.

생색만 냈을 뿐 정작 규정은 지금과 거의 유사하다. 대체 뭐가 바뀌었단 것인가? 규정의 내용은 그대로 두고 표현 형식만 바꿨을 뿐이다. 그래 놓고 아래와 같이 쇼를 하고 있는 것이다. 또 인용한다.

정부는 "일부에서 우려도 있었지만, 혼자만의 산책이나 가족 나들이에서조차도 마스크를 벗을 수 없는 국민들의 답답함과 불편함을 계속 외면할 수는 없다고 판단했다"고 설명했다.

오, 이 아버지같이 따뜻한 마음이여... 그래서 3년째 국민들을 우롱하고 있구나. 단순 감기로...

어쨌든 5월 2일부턴 적어도 길거리에선 노마스크를 많이 볼 수 있을 듯하다. 실제 규정은 바뀐 게 없지만, 어쨌거나 뉴스에서 알려줬으니까. 똥을 된장이라 해도 뉴스가 말하면 사람들은 믿으니까. 그 된장이 건강에 좋다고 뉴스가 말하면 사람들은 앞다투어 먹으니까. 기존 규정으로도 길거리에서 마스크를 쓸 필요가 없었지만, 사람들은 이제서야 '와, 해방이다'라고 좋아하며 길거리에서 마스크를 쓰지 않을 것이다. 이제서야 뉴스에서 말해줬으니 말이다.

5월 2일부터 펼쳐질 바보 같은 모습을 잠깐 상상해 본다. 삼삼오오 사람들이 노마스크로 웃고 떠들며 식당으로 간다. 출입문을 들어서며 마스크를 잠깐 착용한다. 자리에 앉아서 메뉴를 고른 후 음식이 나오자 다시 마스크를 벗는다. 노마스크로 신나게 웃고 떠들며 먹는다. 한 시간 후, 계산대에서 잠시 마스크를 착용한다. 출입문을 나오며 다시 마스크를 벗는다. 웃고 떠들며 다시 길을 간다.

찰리 채플린이 말했다. 인생은 가까이서 보면 비극이지만 멀리서 보면 희극이라고. 그런데 코로나 이후로 세상은,

가까이서 보든 멀리서 보든 모두 코미디다.

결국 코로나에 걸렸다.

목요일부터 살짝 열이 났다. 금요일, 일어나니 더 열이 났다. 그래 일단 오늘은 쉬자. 병가를 냈니. 주말 동안 푹 쉬며 되겠지. 토요일이 지나고 일요일이 되었는데도 열이 떨어지지 않았다. 4일째 열이 안 떨어지니 월요일에 출근할 자신이 없어졌다. 하루 이틀로 안 되고 며칠 좀 푹 쉬어야 할 거 같은데. 일주일 푹 쉬려면 코로나 양성 판정을 받아야 했다. 일요일 신속항원검사를 시행하는 병원을 찾고 부랴부랴 달려갔다. 결과는 양성. 아, 결국 그 유명한 코로나에 걸렸다.

직장인의 본능일까. 월요일이 되니 귀신같이 열이 떨어졌다. 대신 끝없는 무기력함이 찾아왔다. 먹고 눕고 먹고 눕고... 2, 3일 그렇게 보내니 이번엔 가래, 기침 등이 찾아왔다. 캑캑거리고 콜록거리기를 며칠. 격리기간이 다 끝나고 다시 일요일. 이제 출근해도 되겠다 싶을 정도로 내 몸은 돌아와 있었다.

결론부터 말하자. 코로나는 그냥 감기였다. 역시 감기였다. 인류의 역사와 함께 수많은 시간을 함께 해 온 그 감기 말이다. 몸이 좀 안 좋아 보이네? 응 감기 걸렸어. 라고 말하며 늘 함께 해 오던 그 감기. 여러 통계 자료나 양심 있는 학자들의 의견을 통해 이미 알고 있었고, 주변 지인들의 확진 사례를 통해 더욱 확신을 가졌는데 내가 직접 걸려보니 이젠 온몸에 각인되었다. 코로나는 감기구나.

그런데 솔직히 말하면 나도 나약한 인간이기에 직접 경험해보니 살짝 미심쩍은 부분도 있다. 일단 열감기를 이렇게 오래 앓은 건 처음이다. 나는 감기에 걸려도 열이 별로 안 났고 나더라도 하루면 내렸다. 이렇게 4일씩이나 열이 안 떨어진 건 처음이다. 그래서 '어, 진짜 코로나가 좀 다른 건가?' 싶은 마음이 아주 개미똥꾸녕만큼 조금 생겼다.

그리고 또 한 가지. 보통 감기에 걸려도 전 식구가 다 걸린 적은 없었다. 애들이 걸려도 애들만 아프고 성인에게 옮긴 적은 별로 없었다. 그런데 이번엔 정말 온 식구가 다 걸렸다. 처음 처형부터 시작된 코로나는 이후 장모님에게 옮겨졌고 다시 손자, 손녀, 마누라, 사위, 처제, 장인어른까지 번졌다. 접촉점이 있는 온 식구가 다 걸린 것이다. 그래서 '아, 정말 코로나가 일반 감기보다 더 전파력이 월등한 뭔가 다른 바이러스인가??'하는 마음이 개미오줌만큼 쪼오금 생겼다.

하지만 결론은 감기다. 이런저런 걸 다 고려하더라도 결국 감기라는 범위 안에서 일어날 수 있는 일들이다. 내 몸이 회복되어

간 과정은 감기를 앓을 때와 같았다. 지난 2년 동안 사회적 거리두기를 하며 면역력이 떨어졌는지 회복이 좀 더딘 건 사실이지만 그래도 그 과정은 감기와 똑같았다. 그러니 백신? 치료제? 이런 건 다 개소리다. 감기에 그런 게 있던가? 잘 먹고 잘 쉬면 자연스럽게 낫는다. 코로나 역시 마찬가지였다.

우리는 대체 언제까지 감기바이러스에 치명적 전염병이라는 왕관을 씌우고 떠받들 것인가? 사스, 신종플루, 메르스, 코로나까지... 진실이 밝혀질 날이 오긴 올까? 아니 진실은 이미 밝혀져 있다. 다만, 대중이 모를 뿐이다. 깨어날 생각이 없는 대중이 존재하는 한 전염병 릴레이는 계속될 것이다.

22년 7월 21일
코로나 일기, 언제까지 써야 할까?

이젠 일기라고 말하기 민망한 수준에 이르렀다. 일기가 아니고 월기다. 근데 그마저 매월 쓰기가 힘들다. 6월은 건너뛰고 7월 말이 되어서야 쓰고 있으니 말이다. 왜 월기가 되었을까?

솔직히 관심이 떨어졌다. 우리가 일기를 쓸 때 밥 먹고 똥 싸고 잠잔 사실을 쓰던가? 안 쓴다. 매일 하는 당연한 일이기 때문이다. 코로나 사태도 벌써 3년째다. 어느덧 일상이 된 지 오래다. 우리는 팬티를 입듯 마스크를 쓴다. 매일 하는 당연한 일. 물고기가 물을 떠나 살 수 없듯 나 역시 이 사회를 떠나 살 수 없는 연약한 개인일 뿐. 코로나 사회 속에서 3년째 살다 보니 적응해버렸다. 코로나고 나발이고 이젠 시큰둥하다.

아니, 시큰둥은 아닌 거 같다. 좀 더 정확히 말하자면 '살기 위해 애써 모르는 척'하는 것에 익숙해졌다. 코로나가 위험한 전염병이라고 믿는 사람들. 백신의 효과를 믿고, 마스크가 자기를 지켜준다고 믿는 사람들. 지금 이 사회는 99가 그런 사람들이다. 코로나는 단순 감기일 뿐이고, 백신은 부작용 가득한 독일 뿐이고, 한여름 마스크는 걸레를 물고 있는 거와 같다고 생각하는 사람은 1이다. 아니, 1이나 될까? 0.1일일지도 모른다.

0.1이 99.9와 함께 살려면? 적당히 눈 감고 모르는 척하고 살아야 한다. 0.1이 99.9를 상대로 뭘 할 수 있을까? '그거 사기야! 코로나는 그냥 감기라고!!' 아무리 소리쳐봤자 자기 목만 쉴 뿐이다. 계속 소리 지르면 몸만 축날 뿐이다. 그래도 소리 지르면 자기만 부서질 뿐이다. 계란이 바위와 살려면 옆에서 바위처럼 가만히 있어야 한다. 그래야 살 수 있다. 괜히 바위를 움직인다고 달려들어봤자 퍽, 깨질 뿐이다.

퍽. 이제는 99를 이해한다. 퍽이나 이해한다. 코로나 사기를 받아들이는 건 세계가 붕괴되는 깃이다. 마치 바위에 덤져진 계란처럼, 퍽! 하고 깨지는 것이다. 이 세상이 이런 거였어? '그림자 정부'라는 보이지 않는 상위 0.1% 슈퍼 리치들이 전 세계를 조종하는 거였어? 그들이 전 세계의 정부, 언론을 모두 장악해서 나머지 99.9% 사람들을 속이는 거였어? 단순 감기를 팬데믹으로 만들어서 3년째 전 세계를 조종하는 거였다고? 이런 퍽!!

그들도 살고 싶을 뿐이다. 아마 마음속 저 깊은 곳에선 동요가 있을지도 모른다. '가만있어 봐, 침 튀기며 웃고 떠들다 음식 가지러 갈 때만 마스크 쓰는 게 정말 의미가 있나?' 합리적 의심이 생겼을지도 모른다. '가만있어 봐, 4차 접종을 하라고 하는데 그 백신은 3년 전 바이러스로 만든 건데 그게 지금 효과가 있나?' 뭔가 이상하다고 생각할지도 모른다. '전 국민의 절반이 걸렸고 코로나 걸려도 다들 멀쩡한데, 마치 치명적 질병인 양 3

년째 전 국민이 한여름에도 마스크를 쓰고 있는 게 과연 정상인가?'

허나 그러한 동요와 의심과 생각은 이내 사라진다. 대신 합리화를 시작한다. '에이, 그래도 마스크를 아예 안 쓰는 거보단 낫겠지.', '변이가 일어났어도 완전 새로운 바이러스로 바뀐 건 아니니까 백신이 아직 유효하겠지.', '노약자한테는 아직도 치명적인 바이러스겠지.' 결정적으로 주변을 둘러본 후 합리화를 굳힌다. '아직 다들 마스크를 쓰잖아. 분명 이유가 있으니 다들 쓰겠지.' 마스크 콧등 부분을 꾹꾹 누르며 확신한다. '정부와 언론이 거짓말을 할 리 없어.' 자신이 믿어 온 세계를 지키기 위한 합리화다. 그 세계가 붕괴되지 않아야 자신이 살 수 있기에, 살기 위한 합리화다. 그들도 살고 싶을 뿐이다.

나나 그들이나 결국 목적은 같다. 살고 싶을 뿐이다. 행복하게 살고 싶을 뿐이다. 그런데 왜 나는 죽어라 마스크를 벗으려 하고, 그들은 죽어라 마스크를 쓰려 할까. 목적은 같은데, 행동은 정반대다.

코로나 3년째. 여전히 현재 진행형. 언론은 확진자가 다시 수만 명이니, 더블링이니 하며 마치 일기예보처럼 매일 코로나 보도를 한다. 다시 재유행이니 어쩌니 한다. 아직도 끝낼 생각이 없어 보인다. 처음 이 글을 시작할 때 '코로나 종식 때까지 써야지'라고 생각했는데 아직도 종식은 요원하다. 마스크가 팬티가 되어 버린 시대. 과연 언제까지 기록을 남겨야 할까. 같은 영화

도 세 번 보면 지겨운데, 같은 사기극을 3년째 바라보려니 너무
나 지겹다. 이제 그만 쓰고 싶다.

22년 8월 3일
마스크에 대한 사람들의 인식

<처음>

이 더운 여름에도 사람들은 여전히 마스크를 쓰고 있다. 푹푹 찌는 삼복더위지만 길거리에서도 마스크로 코까지 덮고 있다. 저 사람들도 나와 같은 호모 사피엔스. 그러면 저 사람들도 나처럼 코로 숨을 쉴 텐데. 이 더위에 마스크까지 쓰면 난 숨 막혀 뒈질 거 같던데, 저 사람들은 안 그런가? 피부로 숨 쉬는 양서류가 아닌 이상 저 사람들도 숨 막혀 뒈질 거 같은 기분은 똑같이 들겠지. 그럼 대체 왜 마스크를 쓰는 걸까?

남들 다 쓰니까. 눈치 보여서. 그동안 나는 이렇게 생각했었다. 사실 마스크가 아무 효과 없는 걸 이제 다 알지만 사회적 분위기 때문에 울며 겨자 먹기로 쓰고 있다고 생각했다. 원래 우리나라는 남의 눈치를 드럽게 보는 나라니까. 실용적 필요성 때문에 쓰는 게 아니라 사회적 시선 때문에 쓰고 있다고 생각했다. 그런데, 그게 아니었다.

<중간>

에피소드1

　주말에 가족뮤지컬 공연을 보러 갔다. 코로나 이후 처음으로 갔다. 원래 뮤지컬 공연에 별 취미가 없기도 했지만 장시간 마스크를 쓰고 앉아 있기가 싫어서 코로나 이후로 안 갔다. 그러다 우연찮게 뮤지컬 표가 생겼는데 아이들이 가고 싶어 해서 갔다. 뭐, 원래 부모는 자식을 위해 존재하지 않는가.

　지정된 좌석에 앉아서 공연을 기다리고 있는데 갑자기 옆자리 아줌마가 어깨를 톡톡 쳤다. "저기요..애들 어쩌고저쩌고..." 공연 특성상 아이들이 많이 와서 공연장은 굉장히 소란스러웠다. 게다가 아줌마는 마스크까지 쓰고 있어서 뭐라는지 더욱 알아들을 수가 없었다.

　"네? 뭐라구요?"
　"아이들 마스크 좀...쩌구 저쩌구.."
　"네? 안 들려요!"
　"아이들 마스크 좀 씌워 달라구요."

　아, 마스크! 이놈의 지긋지긋한 마스크. 잠깐, 근데 우리 애들 마스크 꼈는데?

　"아이들 마스크 착용했는데요?"

"코가 .. 쩌구 저쩌구.."

"네? 좀 크게 말해주세요!"

"코가 나와 있어서요. 코까지 좀 씌워주세요."

우리 아이들은 마스크 착용 중이었지만 코는 살짝 내놓고 있었다. 일명 코스크. 14세 미만 아이들은 사실 과태료 부과 대상도 아니기 때문에 그냥 당당히 노마스크로 있어도 되지만, 이미 마스크가 종교가 되어 버린 세상에서 14세가 어쩌네 마스크는 바이러스를 못 막네 저쩌네 가타부타 싸우기가 싫었다. 한두 번이야 그렇다 쳐도 어떻게 매번 싸울 수 있겠는가. 그래서 최종적으로 타협한 것이 바로 코스크였다. 니들 원하는 대로 마스크는 써 줄게, 근데 대신 코만 내놓고 숨이라도 쉬게 해 다오. 우리 아이들은 마스크를 써야 하는 곳에서 항상 코스크로 다녔다. 아줌마는 그 부분을 지적한 것이다.

"애들은 과태료 부과 대상도 아닙니다. 이래라저래라 하지 마시죠." 마스크 교도에게 나는 살기 어린 눈빛으로 말했다. 내 기세가 심상치 않음을 느꼈는지 아줌마는 더 얘기하지 않았다. 하지만 아줌마의 말을 무시하기도 힘들었다. 아이들 마스크를 코 위로 올렸다.

공연 내내 마음이 불편했다. 불편한 마음을 가라앉히기 위해 그 아줌마의 입장에서 생각해 봤다. '저 아줌마는 마스크가 정말 효과가 있다고 믿겠지. 대한민국 어딜 가든지 마스크로 코와 입을 가리라는 방송이 수없이 나오고 모든 사람들이 코와 입을 가리고 있지 않은가. 공공장소에선 마스크로 코와 입을 가리는 것이 매너이자 사회적 약속이 되어 버리지 않았나. 그래서 애들 코를 가려달라고 말했을 뿐일 텐데... 그래, 저 아줌마 입장에선 내가 미친놈이겠구나.'

그 아줌마는 마스크의 효과를 진심으로 믿고 있는 것이 분명했다.

에피소드2
사수 사는 야구 게시판이 있다. 어느 날 이런 글이 올라왔다.

제목 : 너무 불편합니다.

내용 : 야구장은 마스크 착용 의무 아닌가요? 마치 코로나 다 끝난 거처럼 마스크 벗고 고래고래 소리 지르며 응원하는 사람들이 너무 많아요. 거의 절반은 노마스크인 거 같아요. 물론 취식할 때는 어쩔 수 없지만, 취식이 끝난 후에는 바로 마스크를 써야지요. 이러다 다시 코로나 확산되면 야구장 취식도 금지될 거 아닙니까.

마스크 안 쓰면 시원한 거 다 알아요. 하지만 나로 인해 누군가 피해를 볼까 봐, 다른 사람 때문에 내가 피해를 볼까 봐 조심하는 겁니다. 경기 내내 노마스크로 있는 사람은 정말 이기적으로 보이더군요. 본인이 마스크 안 하고 다른 사람에게 피해 줄

확률이 정말 0%인지 확신할 수 있니요? 힘든 건 알지만, 최소한 지킬 건 지켜야죠.

댓글을 보았다.

마돌이 : 음식물 먹을 땐 이해 하는데 계속 노마스크로 있는 사람들 정말 이해 안 되어요. 아예 속 편하게 요즘엔 누가 음식물 먹으면 자리를 아예 옮깁니다. ㅎㅎ

스돌이 : 전 노마스크 하는 사람들 때문에 다시 취식 금지했으면 하는 바람입니다.

크돌이 : 노마스크인 사람들 경고 후 퇴장까지 시켰으면 좋겠어요.

신돌이 : 언제까지 이리 살 거냐고 되묻는 분들도 있지만, 정해진 방역 수칙은 지켜야 한다고 생각하는 1인입니다.

봉돌이 : 저는 옆사람 마스크 안 쓰고 있으면 말합니다. "마스크 부탁드려요~" 라구요.

자돌이 : 모두의 안전을 위해 서로 배려하는 게 필요할 거 같아요~

(후략...)

글쓴이와 댓글러들은 마스크의 효과를 진심으로 믿고 있는 것이 분명했다.

<끝>

마스크에 대한 인식이 이렇다. 대부분의 사람들은 마스크의 효과를 정말 믿고 있다. 물론 위의 두 사례로 대부분 사람들의 인식을 논하는 것은 말도 안 된다. 그야말로 성급한 일반화의 오류다. 하지만 내 주변을 둘러보면 오류가 아닌 거 같다. 전혀 오류로 느낄 수가 없다. 하나같이 코와 입을 성실히 가리고 눈만 보여 주는 그들. 그들은 눈으로 말한다. '마스크는 정말 효과가 있어요.'라고.

인터넷을 떠돌다 우연히 마스크에 대한 생각이 나와 비슷한 글을 만났다. 마스크에 대한 소신을 뚜렷이 밝히는 그에게, 적어도 나보다는 훨씬 용기 있는 그에게 감사하다는 말을 전하며, 그의 글을 인용하며 글을 마친다.

① 마스크는 전파를 막는 효과가 미미합니다. 우리나라 사람 5명 중 2명이 확진자입니다. 확진자들 대부분 마스크를 열심히 쓰고 백신 접종한 사람도 많을 것입니다. 마스크와 백신이 있는데도 확진이 되었습니다. 세계에서 제일 열심히 마스크 쓰고 백신도 제일 많이 맞았습니다. 그러나 확진율은 세계 최고입니다. 마스크가 정녕 감염의 확산을 막았나요?

② 변이 바이러스로 인해 전파력이 강해졌습니다. 그럴수록 마스크는 더 효과를 발휘하기 어렵습니다. 전파력이 강해진 만큼 치사율이 낮아졌습니다. 확진자 많다고 겁먹으면서 왜 치사율에

는 관심이 없습니까? 치사율이 0.1%라는 건 생존율이 99.9%라는 뜻입니다. 빈대 잡으려다 초가삼간을 태워야겠습니까? 매년 유행처럼 찾아오는 독감도 치사율이 0.1%입니다. 우리가 언제 독감 막는다고 전 국민이 마스크를 썼습니까? 한여름 실외에서도 마스크를 썼습니까? 치사율 0.1%의 감기를 막기 위해 전 국민의 숨 쉴 권리를 통제해야 합니까?

③ 무증상 확진자는 있어도 무증상 전파자는 존재하지 않습니다. 무증상 확진자는 증상도 없는 건강한 사람이며 호흡기에 죽은 바이러스만 있을 뿐 누구에게 병을 전파할 수 없습니다. 6세 이상의 우한 시민 약 989만 명이 PCR 검사를 받았습니다. 이중 양성은 300명이고, 무증상 확진자와 밀접 접촉한 사람 중에는 양성이 나온 사람이 아무도 없었습니다. 그런데도 모든 국민이, 아무 증상도 없는 멀쩡한 사람까지 의무적으로 마스크를 써야 할까요?

④ 마스크 쓰는 것이 불편한 사람도 있습니다. 누군가는 둔해서 모를 뿐 하루 종일 마스크 쓰면 호흡하기 편할 수가 없습니다. 마스크를 쓰면 우리가 내쉬는 이산화탄소를 다시 마십니다. 점차적으로 폐활량이 감소하여 감기만 걸려도 위험해질 수 있습니다. 마스크 안 쓴 사람을 보면 불편하다고 반박하겠지만 후술할 내용을 읽어보십시오.

⑤ 귀하께서는 우리에게 마스크를 강요할 자격이 없습니다. 3년 동안 식당, 여행 한번 안 가셨습니까? 식당에서 식사할 때 조용히 드셨습니까? 귀하께서 친구들과 밥 먹으면서 웃고 떠들

때는 깨끗하고 안전하지만, 우리가 마스크 벗을 때는 더럽고 위험합니까? 사람 많은 식당에서는 모두 마스크 벗었는데도 잘 웃고 떠들면서, 다른 장소에서는 마스크 벗은 거 보고 벌벌 떠는 게 말이 된다고 생각합니까? 바이러스가 이해심이 많아서 우리가 먹고 마시고 떠들 때는 기다려 줍니까? 바이러스도 침입 시간 호불호가 있어서, 우리가 먹고 마실 때는 침입 안 하고 그 외의 시간에만 침입합니까? 정녕 그렇게 생각하십니까?

9월 26일부터 실외 마스크는 전면 해제가 되었다. 그전까진 실외라도 50인 이상 모였을 시는 의무적으로 썼어야 했는데 그것도 사라진 것이다. (예를 들어 야구장에선 의무였음) 어떤 상황이라도 실외는 이제 의무가 아니다.

실내 마스크 해제 논의도 솔솔 나오고 있다. 아직 시기상조라는 논조가 대부분이지만, 어쨌든 실내 마스크 해제에 관한 논의가 언론을 통해 나온다는 거 자체가 반가운 일이다. 코로나 초기부터 느꼈는데, 항상 언론이 먼저 분위기를 만들면 정책은 잠시 후 스윽~ 뒤따라 붙었다. 내년 봄에는 실내 마스크 해제도 가능하다고 자꾸 밑밥을 깔고 있다. 과연 내년 봄에는 정녕 실내에서도 마스크를 벗을 수 있을까.

슬슬 글을 마무리 지을 때가 온 거 같다. 같은 주제를 3년째 얘기하니 내용이 반복된다. 글 쓰는 재미도 없다. 이제 일기는커녕 월기도 버겁다. 필자인 내가 이런데 독자는 오죽하랴. 그래도 종식 때까지 어떻게든 끌고 가보려 했는데 이젠 힘들다. 내년이면 벌써 코로나 4년 차다. 4년. 2020년생들이 4살이 되는 시간.

이렇게나 오래 마스크를 쓸 줄 몰랐다.

　말콤 글래드웰이 지은 <타인의 해석>이라는 책에 이런 내용이 나온다. 사람들은 진실이라고 믿는 것에 대해선 어지간하면 의심을 안 한다고. 가령 내가 진실이라고 믿는 사실의 총량이 100이라고 치면 그것을 의심할만한 데이터가 49까지 쌓여도 사람들은 의심을 안 한다고. 의심스러운 데이터가 마구마구 쌓여 내 머릿속을 가득 채우고 흘러넘칠 때쯤 되어야, 그러니까 50을 넘어서 60, 70은 되어야 의심을 한다고. 도저히 의심을 안 하고는 못 배길 정도가 되어야 겨우 의심을 한다고 말이다. 그 부분을 읽고 코리나 사태를 떠올리니 무릎이 탁! 쳐졌다. 정말이네!

　내 주변 사람들은 여전히 코로나를 위험한 전염병으로 믿고 있다. 전 국민의 숨 쉴 권리까지 박탈하며 막아야 할 전염병으로 믿고 있다. 사람들이 믿고 있는 코로나의 진실은 이것이다. 전 세계적으로 유행한 치명적 신종 바이러스.

　나 역시 코로나 초기엔 그렇게 믿었다. 그래서 손도 잘 씻고 마스크도 꼭 썼다. 그런데 지금은? 지금 내가 생각하는 코로나 진실은 이것이다. '대국민 감기 사기극'

　나는 왜 생각이 바뀌었을까? 말콤 글래드웰에 따르면 의심스러운 데이터가 넘칠 정도로 쌓이기 전까진 진실에 대해 의심하지 않는다고 했는데. 나는 데이터가 그렇게 많이 쌓였나? 생각해 보니 그랬다.

　첫 시작은 자연 출산이었다. 아내가 임신하고 우연찮게 자연 출산에 대해 관심을 갖게 되었다. 자연 출산은 말 그대로 병원, 제왕절개, 무통 주사 등 현대 분만 시스템을 모두 거부하고 자연의 섭리에 따라 때가 되면 집에서 낳는 것을 말한다. 인위적인 것을 거부하고 자연의 섭리를 따르는 것. 그런데 현대 사회에서 인위적이지 않은 것이 있나? 줄줄이 사탕처럼 다른 모든 것들이 엮이기 시작했다.

자연스럽게 태어난 아이에게 인위적인 걸 먹일 순 없는 노릇. 아이에게 먹일 음식을 고민하다 보니 자연스럽게 먹거리와 건강에 관한 책을 읽었다. '가공하지 않은 자연 친화적 먹거리가 건강과 직결되는구나'라는 깨달음을 얻을 때쯤 보건소에서 아이에게 백신 접종하라는 문자가 왔다. 잠깐만, 백신? 백신은 그야말로 인간이 발명해 낸 인위적 물질의 결정체 아닌가? 이거 안전한 거야? 백신에 관한 독서로 이어졌다. 백신 부작용을 알게 되고 백신이 득보다 실이 훨씬 큰 약물임을 알게 되었다. 잠깐만, 그럼 우리가 일상적으로 복용하는 약들은 안전한 거야? 가속도가 붙기 시작한 의심의 눈덩이는 이제 스스로 굴러가기 시작했다. 증상만을 가라앉히고 근본적 병인은 더 키우는 양약의 진실. 그러한 양약 처방이 중심인 현대 의학의 한계. 한계가 명백한 대증요법 중심의 현대 의학을 맹목적으로 강요당하고 있는 현실. 그러한 현실을 만들고 있는 거대 제약회사들과 그들의 견고한 카르텔까지. 시장경제 원리에서 한치도 벗어나지 않은 현대 의학 시스템의 작동원리를 깨닫자, 30년간 학교와 매스컴에 의해 주입 당했던 '아프면 병원 가고 약 먹어야 한다'라는 세뇌에서 드디어 벗어났다. 그때 열심히 읽던 책이 '환자 혁명(조한경)', '의사의 반란(신우섭)' 같은 책들이었다.

그러다 코로나가 터졌다. 처음엔 나도 열심히 손 씻고 마스크 썼다. 정부와 언론이 매일 떠드니 정말 치명적 바이러스인 줄 알았다. 외출도 안 하고 집에만 있기를 한 달, 두 달... 사람들이 죽어 나가기는커녕 바이러스에 감염되어서 아픈 사람조차 없었다. '흠, 이상한데... 이거 정말 치명적인 거 맞아?' 언론에서 그리는 코로나와 현실의 코로나가 일치하지 않아서 혼란스러울 때쯤 유튜브에서 '닥터 조'의 영상을 접했다. 알고 보니 '닥터 조'는 '환자 혁명'의 저자였다. '약과 병원에 의존하던 건강 주권을 회복하라'는 그의 주장에 깊이 감동 받았던 터라, 그가 말하는 코로나가 너무나 궁금했다. 왠지 그라면 '진짜 코로나'를 말해줄 거 같았다. 역시 그는 언론과 다른 얘길 해줬다. '코로나 사망자는 굉장히 부풀려졌다.', '코로나 사망자로 처리하면 보조금을 더 받는다. 그래서 병원에선 지금 암으로 죽든, 심근경색으로 죽든, 당뇨로 죽든, 교통사고로 죽든 코로나 검사 양성만 나오면 무조건 코로나 사망자로 처리하고 있다.', '코로나로 수십만 명의 사람들이 죽어 나가는 거 같지만, 실제 연간 사망자 숫자를 비교하면 작년이나 올해나 별 차이가 없다.', '언론은 심각하게 뻥튀기 중이다. 실제 위험성 1을 100으로 부풀리고 있다. 신종플루 때도 그랬다.' 등등. 그치? 그렇게 심각한 바이러스 아니지? 분명 지금 오바하고 있는 거지? 닥터 조 덕분에 언론과 현실 사이에 존재하는 코로나 괴리감을 조금씩 해소하던 중, 진실을 말하는 또 한 명의 의사를 알게 됐다. 코로나에 대한 모든 의문을 가장 속시원히 해결해준 분. 바로 '김상수 원장'이다. 그는 '소아랑 tv'라는 유튜브 채널로, '코로나 미스터리'라는 책으로 코로나 진실을 알려줬다. (현재 유튜브 채널은 세 번 폭파당해서 코로나 영상은 거의 없다. soarang.net 에서 삭제된 영상을 모두 볼 수 있다.) 그의 주장은 명료하다. '코로나는 감기, 지금의 모든 방역 정책은 개뻘짓.' 그의 영상과 책을 접한 후 비로소 코로나에 대한 인식이 명확해졌다. 뭐야, 그냥 감기잖아.

코로나가 그저 감기 바이러스라는 진실을 깨닫자, 또 다른 의문이 들었다. 대체 왜 감기 사기극을 벌이는 걸까? 왜 정부와 언론은 미친 듯이 코로나 공포를 부추기는 걸까? 대체 왜 전 세계의 정부와 언론이 마치 짠 거처럼 다 함께 공포를 부추기는 걸까? 전 세계적 감기 사기극. 이게 과연 가능한 일인가?

이후 나의 인식 과정은 생략하겠다. 전 세계가 소수의 슈퍼 리치들에 의해 굴러가며, 그들이 맘먹으면 전 세계 모든 언론과 정부를 조작할 수도 있다는 사실을 알게 되었지만, 더 이상 말하지 않겠다. 이 부분은 자칫 음모론으로 왜곡될 수도 있고 내가 말해봤자 사람들이 믿지도 않으며 사실 나 역시도 아직 완벽히 믿고 싶지 않기 때문이다. (혹시나 관련 책을 읽고 싶다면 '화폐전쟁1,2,3,4세트(쑹훙빙)', '그림자 정부(이리유카바 최)'를 추천한다.) 사실 상위 0.1%의 세계를 소시민인 내가 어찌 알겠는가. 또

한 알게 된다 한들 그 정보가 정확한 진실이라고 어찌 확신하겠는가. 이 부분은 그저 각자의 소신대로 생각하고 행동하면 될 것이다. 다만 나는 더 이상 정부와 언론을 신뢰하지 않는다. 코로나 이후에도 그들이 던지는 모든 메시지를 의심하고 따져볼 것이다.

자연 출산부터 코로나 감기 사기극까지. 이렇게 간단히 요약했지만 10년 넘는 세월 동안 수많은 데이터들이 쌓였다. 그렇기에 언론이 강요하는 '코로나'를 의심할 수 있지 않았을까? 병원에서 분만유도제 맞으며 출산하고 인스턴트 이유식 사 먹이고 백신 맞히고 아프면 약 먹고 병원 가고 했으면 과연 코로나를 의심할 수 있었을까? 나 역시 절대 의심하지 않고 정부와 언론을 신뢰하며 한여름에도 마스크를 코까지 덮어쓰고 다녔을 것이다.

물론 내가 지금 믿고 있는 '코로나 진실'이 틀렸을 수도 있다. 인간이 어찌 완벽한 진실을 알 수 있겠는가.

당신과 나 사이. 진실은 항상 그 어느 사이엔가 있을 것이다.

넛붙임 - 몇 안 되는 코로나 양심 발언 의사들을 소개한다. 위에 말한 닥터 조(조한경), 김상수 원장 외에도 '코로나19 걸리면 진짜 안돼?'의 저자 '서주현 의사', 브런치에서 꾸준히 코로나 관련 팩트만을 올려주시고 있는 '이덕희 교수님' 등이 있다. 정말 코로나 팩트를 알고 싶다면 '코로나 미스터리', '코로나 3년의 진실' 이 두 권만이라도 꼭 읽어보길 바란다.

때로는 팬티처럼, 때로는 부적처럼.

학교에서 학생들은 여전히 마스크를 쓰고 있다. 정부의 방역 정책 때문에 못 벗고 있다고 생각했다. 교사들의 감시와 지도 때문에 못 벗고 있다고 생각했다. 그런데 그게 아니었다. 학생들은 타의 반 자의 반으로 마스크를 쓰고 있었다. 타의로 못 벗는 경우도 있었지만, 자의로 안 벗는 경우가 더 많았다. 학생들은 본인의 의지로 마스크를 쓰고 있었다.

<장면1. 단체 사진>

학생들 수련회에 지도교사로 따라갔다. 그들의 논리대로라면 아직 코로나가 끝난 것도 아니고 하루 확진자가 몇만 명씩 나오니 여전히 사회적 거리두기를 해야 하는 상황인데 슬금슬금 지역축제들이 부활하고 있다. 그 분위기가 학교에도 옮겨져 소풍, 수학여행 등 학교 행사들도 부활하고 있다. 우리 학교는 수학여행은 아직 조심해야 하지 않냐는 기적의 논리를 앞세워 수련회를 가게 되었다. (대체 수학여행은 안 되고 수련회는 되는 이유는 뭘까?)

버스에서 3시간 내내 마스크를 썼던 아이들은 수련회 장소에 도착해서도 마스크를 계속 썼다. 강당 등 실내뿐 아니라 실외에서도 아이들은 마스크를 착실히 썼다. '실외조차 마스크를 못 벗고 있구나. 얼마나 답답할까. 얼마나 벗고 싶을까!' 나는 속으로 학생들을 불쌍히 여겼다. 단체 사진을 찍기 전까지만 해도 학생들이 타의에 의해 마스크를 못 벗고 있다고 생각했다.

반별 단체 사진을 찍는 시간이었다. 요즘은 마스크를 쓴 채 사진을 찍는 게 대세다. 인스타그램이나 페이스북을 봐도 온통 마스크를 쓴 채 찍은 사진들이다. 학생들 사이에선 마스크 사진이 옷 입고 찍는 사진처럼 당연한 것이 된 듯하다. 당연히 단체 사진을 찍을 때도 아이들은 마스크를 쓰고 있었다.

"졸업앨범에 들어가는 사진이니까 마스크 좀 벗으세요." 사진기사님이 말씀하셨다. "자, 얼굴이 나와야 하니까 잠시만 벗으세요." 수련회 지도교사도 말했다. 명분은 갖춰졌다. 나는 아이들이 기다렸다는 듯 마스크를 벗을 줄 알았다. 그런데...

"마스크 꼭 벗어야 해요?" 한 아이가 불편한 기색으로 말했다. 그것을 시발점으로 여기저기서 원성이 터져 나왔다. 마스크 왜 벗어, 진짜 오바야, 벗기 싫은데 등등. 아이들은 좀처럼 마스크를 벗지 않았다. "얼른 벗으세요!" 사진기사님과 지도교사가 두세 번 더 큰 소리로 말한 뒤에야 아이들은 마지못해 벗기 시작했다. 그리고는 뭐가 그렇게 부끄러운지 목을 움츠리고 고개를 숙이고 양손으로 볼을 감쌌다. 어떻게든 얼굴을 가리려고 애썼다. 아이들은 흡사 팬티를 벗은 듯 부끄러워 어쩔 줄 몰라 했다. 강제로 팬티를 벗긴 느낌. 딱 그 느낌이었다.

찰칵. "자, 다 찍었습니다." 사진기사님의 말이 끝나자마자 아이들은 팬티를, 아니 마스크를 후다닥 착용했다. 아이들의 마스크를 타의로 벗기는 데 1분이 걸렸지만, 아이들이 다시 자의로 마스크를 쓰는 데는 1초도 안 걸렸다. 누가 뭐라 하지도 않았는데 아이들은 빛의 속도로 마스크를 썼다. 그러고는 다시 평온한 얼굴이 되어 지들끼리 재잘재잘 떠들었다.

다른 반도 모두 마찬가지였다. 거의 대부분 학생들이 마스크를 마치 팬티처럼 여겼다. 마스크 벗으라는 말을 팬티 벗란 말처럼 여겼고, 촬영이 끝나면 마스크부터 먼저 썼다. 아이들에게 마스크는 또 다른 팬티였다.

<장면2. 워터파크>

수련원 안에 워터파크가 있었다. 수련회 프로그램의 메인 테마여서 거의 모든 학생들이 워터파크에 들어가게 되었다. 지도교사는 물놀이의 일반적 유의 사항과 무단으로 타인의 신체를 찍으면 안 되고 불필요한 신체접촉도 안 된다는 성 관련 유의 사항 등을 일러주었다. 아마 코로나 전이었으면 유의 사항 전달은 이것으로 마쳤을 것이다. 하지만 지금은 코로나 시대 아닌가! 지도교사는 마지막으로 이 말을 덧붙였다. "수영장 안에서도 마스크는 착용하셔야 합니다."

입장 시간이 되었다. 아이들은 성실하게 마스크를 쓴 채로 워

티파크에 입장하였다. 이미 반별 단체 사진 때 아이들의 마스크 사랑을 경험한 터라, 그 모습이 낯설지 않았다. '아이들은 한창 외모에 민감할 때여서 마스크를 이제 팬티처럼 여기는구나. 마스크 벗은 민낯을 드러내지 않으려 하는구나. 그래, 그 심리는 수영장 안에서도 마찬가지겠지. 그런데 마스크를 쓰면 자유롭게 물놀이를 못 할 텐데. 아마도 무릎까지만 물에 담그고 적당히 놀려나 보네.'라고 생각했다. 그런데...

"선생님 숨 막혀요!" 어떤 학생이 숨넘어갈 듯한 모양새로 나에게 왔다. 그 학생은 마스크를 쓴 채로 머리부터 발끝까지 물에 젖어 있었다. 마스크를 쓴 채로 머리까지 푹 담그고 신나게 논 모양이었다. 그런데 마스크가 물에 젖으니, 마치 물에 젖은 휴지처럼 얼굴에 찰싹 달라붙었다. 당연히 숨이 막힐 수밖에 없었다.

"마스크가 달라붙으니 당연히 숨을 못 쉬지! 당장 벗어!" 이런 당연한 걸 고등학생에게 말해주고 있는 이 상황. 말 못 할 자괴감이 느껴졌지만 그래도 혹시나 학생이 규칙 준수를 위해 마스크를 못 벗고 있을 수도 있다는 생각이 들었다. 그래서 명분을 주었다. 마스크를 벗으라고 말했다.

"안 돼요." 학생은 헐떡이면서도 마스크를 벗지 않았다. '아니 대체 왜?'라고 물으려다 문득 주변을 둘러보았다. 아이들은 모두 마스크를 쓴 채로 물을 뒤집어쓰고 잠수도 하며 재밌게 놀고 있었다. 젖은 마스크가 코와 입을 턱턱 막고 있는데도 벗지 않았다. '헤엑~ 히엑~' 모두 폐암 말기 환자들처럼 숨을 내쉬면서도 벗지 않았다.

"선생님 이제 괜찮아졌어요. 다시 가볼게요." 숨 막혀 죽을 거 같다던 학생은 끝내 마스크를 벗지 않은 채 숨을 고르다가 호흡이 안정되자 다시 풀장으로 뛰어갔다. 그러고는 다시 친구들에게 물을 끼얹으며 즐겁게 놀았다. 바이러스 전염을 걱정한다면서 모두 하나의 물웅덩이에 몸을 담그고, 그 물을 먹었다 뱉고 뱉었다 먹고, 그 물을 친구에게 끼얹고, 그 친구를 다시 부둥켜안고 있는 이곳. 그러면서도 감염의 우려가 있으니 물속에서도 마스크를 쓰라는 이곳. 그 천 쪼가리 하나가 그렇게 대단한가? 물에 젖은 상태로도 바이러스로부터 우리를 지켜주는 것인가? 그 천 하나만 입에 대고 있으면 우리는 안전한가? 그렇다면 그건 이미 마스크가 아니고 부적이다.

상황이 만들어지고 명분이 주어져도 아이들은 마스크를 벗지 못했다. 아니 벗지 않았다. 때로는 팬티처럼, 때로는 부적처럼 마스크를 입에 꼭 붙이고 있었다. 대체 무엇이 아이들을 그렇게 만들었을까.

2022년 10월 29일 오후 10시 15분경 서울특별시 용산구 이태원동 119-3번지 일대 해밀톤호텔 옆 골목에 핼러윈을 즐기려는 다수의 인파가 몰리면서 다수의 압사 사상자가 발생했다. 159명이 죽었고, 197명이 다쳤다. 윤석열 대통령은 2022년 10월 30일 이태원동에서 발생한 압사 참사와 관련해 사고 수습이 일단락될 때까지 국가애도기간으로 정한다고 밝혔으며, 모든 정부부처와 관공서에 즉각적인 조기 게양을 지시했다고 전했다. 또한덕수 국무총리는 10월 30일 이태원 참사 관련 중앙재난안전대책본부 회의 결과를 발표하며 서울시 용산구를 특별재난지역으로 선포하고 사망자 유족과 부상자에 대한 치유지원금 등 필요한 지원을 다하겠다고 발표했다.

삼풍 백화점 사건, 세월호 참사에 이어 또다시 인재(人災)가 발생했다. 너무나 안타까운 일이다. 피해자들에게 깊은 애도를 표한다.

그런데 문득 이상하다는 생각이 들었다.

이태원 참사와 백신 부작용 참사에 대한 대응이 왜 이리 다르지?

이태원 참사는 발생 즉시 정부와 언론이 발 벗고 나섰다. 정부는 신속한 원인 규명, 의료비 지원, 장례비 지원, 합동분향소 마련, 대통령 대국민 담화, 특별 재난 지역 선포, 국가 애도 기간 설정 등 나라에서 해줄 수 있는 모든 것을 하였다. 언론은 이를 집중 보도하며 전 국민의 관심을 모았다.

반면 백신 부작용 피해자들은 1년 넘게 아무 관심도 못 받고 있다. 수천의 사망, 수만의 중증, 수십만의 경증이 발생했지만 정부는 모르쇠로 일관하고 있다. 원인 규명 없음, 인과성 불인정으로 어떠한 지원도 없음, 분향소 없음, 대통령 대국민 담화 없음, 애도 기간 없음 등. 이에 발맞춰 주류 언론도 외면하고 있다. 상황이 이러니 국민 대부분은 자신과 관련 없는 일로 여기며 오히려 추가 접종을 고민하고 있다.

150여 명의 사망자 VS 2500여 명의 사망자.
190여 명의 부상자 VS 2만여 명의 중증, 48만여 명의 경증 피해자.

단순 무식하게 비교해 봐도 백신 부작용이 더 큰 비극 아닌가? 비교 불가인 대참사 아닌가?

백신 부작용 의료 참사에 대한 시선은 왜 이리 차가운 걸까.

너무나 이상하다.

22년 11월 14일
코로나 광기, 3년의 시간. 그 마지막 기록.

"코로나 종식을 선언합니다!!"라고 정부와 언론은 아직 말하지 않았다. 하지만 체감상, 이미 종식된 느낌이다. 입에 마스크 한 장만 붙였을 뿐, 수학여행도 부활했고, 지역축제도 부활했다. 사람들은 이제 할 거 다 한다.

지긋지긋한 실내마스크도 내년 봄쯤엔 해제할 거 같다. "실내 마스크 내년 봄쯤 해제 가능..." 이딴 기사를 계속 내보내고 있으니 말이다. 7차 대유행 어쩌구, 독감 코로나 트윈데믹 저쩌구 하며 아직은 실내마스크 해제가 시기상조란다. 이미 전 세계가 마스크를 다 해제했는데 말이다. 미국 NBA 경기나, 유럽 프리미어 리그 경기를 봐도 그 많은 관객 중 마스크를 쓴 사람은 한 명도 없다. 더 웃긴 건 그렇게 마스크를 다 해제한 나라보다 철저히 마스크를 쓰는 우리나라가 확진율이 훨씬 더 높다. 그런데도 정부는 마스크를 강조한다. 그리고 양 같은 우리 국민들은 더욱 철저히 마스크를 쓴다. 이미 의무가 해제된 실외에서도 쓴다. 열에 아홉은 쓴다.

코로나로 확실히 깨달았다.

1. 세상은 모순덩어리라는 것.

단순 감기가 치명적 전염병으로 둔갑했다. 정부와 언론이 매일 '코로나는 위험하다'라고 말하자 거짓말은 참말이 되었고 사람들은 철석같이 믿었다. 코로나 모순을 깨달은 후, 첨엔 대수롭지 않게 생각했다. 이런 말도 안 되는 일이 계속될 리 없어. 곧 사람들이 깨닫겠지. 전국에서 벌떼같이 일어나겠지. 백신팔이 하수인들 처단하자고 전 국민이 나서겠지. 그런 일은 일어나지 않았고 어느덧 만으로 3년이 다 되어간다. 거대한 모순 속에서 3년을 살다 보니 내가 살고 있는 속세가 눈에 들어오기 시작했다. 코로나뿐만이 아니었다. 그냥 이 세상 자체가 모순덩어리였다. '뭐? 말도 안 돼!' 우리가 사는 세상이 말도 안 되는 세상이었다. '옛날엔 귀족이 죽으면 그 밑에 시중들던 사람들을 산 채로 무덤에 함께 묻었대.' '뭐? 말도 안 돼!' '옛날엔 지구가 평평하다고 믿었고 지구가 우주의 중심이라고 믿었대' '뭐? 말도 안 돼!' '옛날에 중국에선 여자아이들 발을 칭칭 묶어 놔 발을 못 자라게 했대. 발이 작아야 미인이라고 믿었기 때문이야. 그걸 '전족'이라고 하는데 그게 천년이나 지속되었대.' '뭐? 말도 안 돼!' '옛날 중세시대에 마녀로 지목받으면 발에 돌을 묶어서 저수지에 빠뜨렸대. 물 위로 떠오르면 마녀로, 떠오르지 않으면 마녀가 아닌 걸로 판정했대. 근데 마녀로 판명되면 잡아서 다시 죽였대.' '뭐? 말도 안 돼!' '코로나는 인류와 함께 공생하던 감기 바이러스였대. 그러니까 인래부터 있던 바이러스라는 거지. 근데 그게 갑자기 변이를 일으켜서 무시무시한 바이러스가 되었대.' '뭐? 말도 안 돼!!' 세상은 예전부터 모순덩어리였고, 지금도 모순덩어리고, 앞으로도 그럴 것이다.

2. 그래도 세상은 돌아간다.

코로나 사태의 본질을 깨닫고 한동안은 괴로웠다. 외눈박이 나라에선 두눈박이가 비정상이다. 딱 그 느낌이었다. 내가 미친 건가? 나 혼자 음모론에 빠져서 정신 못 차리고 있는 건가? 하지만 아무리 봐도 코로나는 그저 감기였다. 정말 양보한다 쳐도 좀 심한 독감이었다. 그런데 대체 왜 전 국민이 이 난리를 떨어야 하는 거지? 첨엔 '정보가 없어서'라고 생각했다. '몰라서 그러겠지', '제대로 된 정보가 없어서 그러겠지' 하는 마음으로 여기저기 코로나 정보를 뿌렸다. 하지만 늘 돌아오는 건 싸늘한 침묵뿐이었다. 나와의 관계를 고려해서 겉으로 드러내진 않았지만 '그만 좀 하지' 하는 불편한 기색들. 독불장군처럼 살아갈 자신은 없어서, 나 역시 어느 순간부터 코로나 전도(?)를 그만 두고 그들과 일상적 대화를 나누며 다시 평온한 관계를 이어 갔지만 마음 한구석은 외롭고 괴로웠다.

코로나 진실을 접하다 보면 자연스럽게 소위 '음모론'과 만나게 된다. 코로나 같은 전 세계적 사기극은 일반 상식으론 설명이 안 되기 때문이다. 전 세계 정치, 경제, 언론, 미디어, 무기, 석유, 교육 등을 장악하고 배후에서 조종하는 숨은 권력 집단이 있다. 이들을 가리키는 말은 다양하다. 딥스테이트, 그림자 정부, 일루미나티, 프리메이슨, 글로벌리스트, 슈퍼리치 등등. 이들은 전 세계를 하나로 통일하여 단일 세계 정부를 세우고 과잉 인구를 억제하기 위해 전 세계 인구를 최소 10억에서 5억까지 감축하려 한다. 무시무시하지 않은가?

나는 소위 '음모론'에 아무 관심이 없던 사람이다. 코로나 전이었으면 '뭔 개소리야' 하며 넘겼을 것이다. 그런데 코로나 사태가 설명되려면 전 세계를 배후에서 조종하는 집단을 인정하지 않을 수가 없다. 그 집단을 인정하면 음모론을 부정할 수가 없다.

문제는 '음모론'도 층위가 굉장히 넓다는 것이다. 100% 진실, 좀 많이 진실, 적당히 진실, 좀 많이 거짓, 100% 거짓 등 스펙트럼이 광활하다. 음모론엔 '지구가 평평하다', '파충류 인간이 있다' 등 믿기 힘든 내용들도 많다. 코로나 관련 내용 역시 마찬가지였다. 백신을 맞으면 2년 내에 죽는다, 죽지 않아도 평생 불구로 산다, 백신 안에 나노물질이 들어있는데 5G와 연동되면 외부에서 그 사람을 마음대로 조종할 수 있다 등등. 음모론을 처음 접했을 땐 '이게 진짜 진실이구나' 싶은 생각에 여과 없이 마구 받아들였다. 겁이 났다. 백신 맞은 사람들이 다 죽으면 어쩌지? 강제로 백신 맞고 조종당하며 살면 어쩌지? 내가 알던 세상은 이제 끝인가? 공권력이 우리 집 대문을 따고 들어와 강제로 내 팔에 백신을 놓는 꿈을 꾸며 사형수처럼 초조한 마음으로 살아갔다. 그렇게 1년, 2년, 3년.... 시간이 지날수록 음모론의 그림과는 조금씩 다른 모습이 보이기 시작했다. 당장 다쳐올 듯했던 디스토피아는 좀처럼 오지 않았다. 어...뭐야? 그래도 세상은 돌아가네?

음모론이 진실인가? 나는 답할 수 없다. 허나 이거 하난 확실하다. 음모론이라 불리는 내용 중엔 '팩트'도 있다는 것! 코로나 팬데믹은 분명 계획된 플랜데믹이다. 의도적으로 공포를 조장하고 부풀렸다. 인류 최초로 개발된 신형 백신을 반강제로 맞혔다. 백신 부작용으로 누군가는 사망했고, 수많은 사람들이 크고 작은 부작용을 앓고 있다.

하지만 그냥저냥 사람들은 또 살고 있다. 전 세계는 빠르게 코로나에서 벗어나고 있다(한국만 빼고). 그들의 계획이 어긋난 건지, 또 다른 플랜데믹을 위해 잠시 쉬고 있는 건지는 알 수 없지만 음모론에서 말하는 인구감축과 단일세계정부가 금방 이뤄질 거 같진 않다.

그러니 너무 절망하지 말자! 음모론의 미래를 기정사실화하며 무기력해지지 말자! 음모론 중 팩트가 많다 할지라도 우리는 지금껏 살아냈다. 지금도 살아가고 있다. 앞으로도 세상은 어떻게든 또 돌아갈 것이다.

탈고를 위해 지난 일기들을 훑어보았다. 사람은 망각의 동물이라더니 그새 많은 부분을 잊고 있었다. 21세기 자유민주주의라는 나라에서 벌어진 수많은 통제들. '모두의 안전을 위해'라는 허울 좋은 명분 아래 자행된 자유 박탈과 수많은 인권 유린들.

강제 격리! (고작 감기 때문에 우리는 이동의 자유를 **빼앗겼다**.)

강제 마스크! (고작 감기 때문에 우리는 숨 쉴 권리를 **빼앗겼다**.)

강제 PCR 검사! (고작 감기 때문에 우리는 원치 않는 의료행위를 당했다.)

강제 백신 접종!(백신 패스) (음식점에 가기 위해, 카페에 가기 위해 우리는 임상 시험 중인 약물을 주입 당했다.)

사적 모임 통제 및 영업시간 제한! (저녁 6시 이후는 2명만 모일 수 있었다. 북한이 따로 없다. 다시 생각해도 어이없다.)

<u>우리는 절대 잊지 말아야 한다.</u>

책 한 권 쓴다고 바뀌는 건 없다. 아마 읽는 사람도 없을 것이다. 설사 읽는다 한들 일반인인 내가 하는 이야기를 얼마나 받아들이겠는가? '미친놈이군'이라며 책을 던지지나 않으면 다행이다. 나는 현시대 사람들을 설득하기 위해, 또는 공감을 구하기위해 이 책을 쓰는 것이 아니다. 그럼 이 책을 왜 쓰는가?

진실은 시간이 걸려도 결국엔 드러난다. 코로나 사태 역시 마찬가지다. 언젠간 인류 최대 최고의 사기극인 '코로나 플랜데믹' 역시 진실이 밝혀질 것이다. 그게 언제가 될지는 모르겠지만, 진실이 밝혀진 후 좀 더 탐구하고 싶어 하는 후대의 역사가가 있지 않을까. 그 역사가가 혹시 코로나 사태를 온몸으로 경험한 일반인의 생생한 후기를 듣고 싶어 하지 않을까. 백범일지, 난중일기, 안네의 일기처럼 그 시절을 생생히 보여 주는, 일반인의 기록. 코로나 역시 그런 자료를 원하지 않을까. 그런 후대의 역사가가 있지 않을까. 혹시 모를 그를 위해,

이 책을 남긴다.